好父母是孩子一生的朋友

未来教育工作室 著

清华大学出版社
北京

内 容 简 介

本书通过日常家庭故事阐述身为"过来人"父母的实践经验，囊括了新手父母与孩子相处的方法、孩子的基础能力启蒙、艺术学习与学科学习的分配问题、入学前与入学后的各类问题及多孩家庭的关系处理等，帮助父母在孩子的健康守护、良好习惯的培养、学习兴趣的引导、素质能力的提升、学校环境的适应等各方面找到行之有效的解决办法或实践方案。

这是一本有思想的书，凝聚了众多父母的心血。通过父母与孩子的故事，你可以看到不同家庭的爱的智慧、不同的相处模式和不同的解决问题方法。

如果你是 0~12 岁孩子的父母、焦虑的职场妈妈、普通的全职妈妈，如果你家里有多个孩子，或者你希望纠正孩子的不良习惯，全面培养孩子的能力，从实例借鉴孩子的培养经验，抑或你有志于从事教育行业，喜欢研究教育孩子的方法等，本书都值得一读。

本书封面贴有清华大学出版社防伪标签，无标签者不得销售。

版权所有，侵权必究。举报：010-62782989，beiqinquan@tup.tsinghua.edu.cn。

图书在版编目（CIP）数据

好父母是孩子一生的朋友 / 未来教育工作室著 . —北京：清华大学出版社，2022.2（2022.6重印）
　ISBN 978-7-302-59796-4

　Ⅰ．①好… Ⅱ．①未… Ⅲ．①家庭教育 Ⅳ．① G78

中国版本图书馆 CIP 数据核字 (2022) 第 000012 号

责任编辑：张立红
装帧设计：二　郎　小　贝　蔡小波
责任校对：赵伟玉
责任印制：朱雨萌

出版发行：清华大学出版社
　　　　网　　址：http://www.tup.com.cn，http://www.wqbook.com
　　　　地　　址：北京清华大学学研大厦 A 座　　邮　编：100084
　　　　社 总 机：010-83470000　　　　　　　　邮　购：010-62786544
　　　　投稿与读者服务：010-62776969，c-service@tup.tsinghua.edu.cn
　　　　质 量 反 馈：010-62772015，zhiliang@tup.tsinghua.edu.cn
印 装 者：三河市金元印装有限公司
经　　　销：全国新华书店
开　　　本：145mm×210mm　　印　张：9　　字　数：193 千字
版　　　次：2022 年 4 月第 1 版　　印　次：2022 年 6 月第 2 次印刷
定　　　价：69.00 元

产品编号：080702-01

前 言

真实的小故事

有一次,和儿子聊天,我发现儿子不愿意积极回答老师的问题了。问其原因,儿子说他们在群里上课时,老师提问以后,儿子打字比较快,经常第一个回答问题。有的同学偷懒,直接复制他的答案。结果,老师表扬了"盗版",让他这个"原创"很伤心,所以他不积极回答问题了。我就给他分析:"你主动回答问题,意味着你积极思考,你收获最多。这个谁都夺不走。被同学复制,说明你的答案写得好、受欢迎,你应该高兴才对。你没被表扬,"盗版"被表扬了,其实也是你间接地被老师表扬了,借用了同学的"影子分身"而已。"

儿子豁然开朗,说:"我的就是我的,被复制以后还是我的!"

当孩子没有独立分析的能力时,如果家长积极引导孩子,结果就会变得不一样:遇到事情时,孩子会自己先思考解决办法,然后采取实际行动,继续做下去,慢慢变得既独立又有想法,这最靠谱。

家长的困境

可能你经历过和我一样的事情:刚怀孕时手足无措,孩子出生后要进行性格培养,能力启蒙不得不做,不知道艺术学习与学科学习该如何抉择,入学习惯如何养成,初入学校怎么做好家校沟通,以及如何应对二胎来了的"鸡飞狗跳",等等。在孩子成长的不同阶段,父母总是各显神通,我们来听听大家的故事,也许会有不一样的收获。

1. 想做好父母,育儿先育己

孕妈妈如何摆脱孕期焦虑?父母如何与孩子共同成长?如何用父母的全局观引导孩子?教育孩子时,父亲应该扮演什么角色?无意伤害了孩子怎么办?第1章的6个故事,可以帮助新手父母快速进入角色。

2. 亲密关系,需要父母的洞察力

在孩子成长的过程中,父母总会遇到这样或那样的问题,例如,怎么和孩子讲道理,怎么有效地称赞孩子,怎么无条件地接纳孩子,怎么防止孩子抑郁。这一系列棘手的问题在第2章中都有答案。

3. 在家也能做的能力启蒙，聪明的孩子教出来

父母都希望给孩子最好的教育。第3章将从培养孩子的财商、激发孩子的潜能、提高孩子的自信心、激发孩子的自驱力、培养孩子的抽象思维能力、培养孩子的时间观念、培养孩子坚持的品格入手，带你多维度学习。聪明的孩子在家也能教出来。

4. 艺术学习与学科学习，适合孩子才重要

度过了基础启蒙阶段，新手父母面对孩子的学科启蒙，又需要投入新的"战斗"。孩子有没有必要上早教？孩子学习乐器的正确方式是什么？怎么对孩子进行数学启蒙？如何对孩子进行美术教育？如何安排孩子的英语学习？第4章将带你深入了解这一系列的问题。

5. 入园、入学前的准备，妈妈安排很重要

千辛万苦，孩子终于要步入幼儿园或小学，父母又遇到了新的问题。孩子赖床怎么办？孩子自主意识差怎么办？如何抓住孩子养成好习惯的关键期？怎么让孩子从小爱上学习？孩子上幼儿园要做哪些准备？阅读第5章，给你不一样的答案。

6. 入园、入学后问题多，优秀妈妈有妙招

终于，孩子顺利进入幼儿园或小学，家长也面临着新的挑战。教育孩子时，想动手怎么办？孩子不愿意写作业怎么办？大声朗读对孩子有什么好处？如何做一个有效且完整

的假期计划？如何教会孩子规划学习时间？听说读写如何搞定？第6章将带你一一解决这些问题。

7. 二孩生活，每一个都很重要

老大说："我不想要老二。"老大和老二闹矛盾时，是大的让小的还是小的让大的？老大是真的不爱老二，还是不会爱老二？常见的二孩生活也可以没有鸡飞狗跳，听听他们怎么说。

本书能帮你什么

面对孩子成长的各个阶段与各个阶段中常见的问题，我们组织了45位优秀微博博主，结合与孩子相处的亲身经历，讲解靠谱的育儿方法，让新手父母有章可循，有技可学。有的作者不愿意透露真实姓名和提供照片，我们予以尊重和理解，也望读者朋友们予以理解。

1. 亲身经历

本书以父母与孩子相处的真实故事落笔，搭建家庭场景，让读者更有代入感。总有一篇故事是你生活中与孩子相处的常见场景，但是可以带给你不一样的解决问题的方法。

2. 作者背景

作者为各行各业精英，有心理咨询师、家庭教育辅导师、国际英语教师、健康管理师等，带给读者靠谱的育儿知识。

3. 解决问题

本书围绕"怎么办"和"如何做"来讲解。通过典型场景提出问题，然后着重给出解决方法，可以让家长现学现用。

4. 持续服务

本书中的每位作者都有公开的微博账号。阅读本书后，你可以在微博上与他们交流育儿心得，分享不同的经验，形成良好的互动循环。

适合阅读本书的读者

- 0~12岁的孩子父母
- 焦虑的职场妈妈
- 希望纠正孩子不良习惯的父母
- 家里有多个孩子的父母
- 儿童心理研究者
- 有志于从事教育行业的工作者

阅读本书的建议

- 新手或小月龄孩子的父母，建议从第1章顺次阅读并思考自己的教育方式。

·经历孩子幼小衔接等特殊阶段的父母,可以根据实际情况有重点地阅读对应的章节。

·针对孩子的不同问题,可以选择对应的章节,寻找并借鉴经验。

·不同的孩子有不同的情况,请父母耐心倾听孩子,结合孩子的实际情况选择最合适的沟通方法和教育方式。

目 录

第1章 想做好父母，育儿先育己

育儿，女儿教我做 /陈云凤   002

父亲如何陪伴儿子成长 /邓强   010

无意伤害了孩子怎么办 /夏昭   015

孩子的好发展，需要父母的全局观 /孙天阳   020

改变孩子，妈妈背后的那个人更重要 /李晓蓓   025

孕期不焦虑，做对这三件事，轻松做妈妈 /赵竹君   030

第2章 亲密关系，需要父母的洞察力

如何防止孩子抑郁 /孙丽   036

假期如何带娃旅行 /宁欣   044

如何和孩子讲道理 /祝超   050

如何有效地称赞孩子 /刘伟   056

教育孩子，"动口"不如"动手" /洪晶   062

无条件接纳，做孩子成长的安全基地 /陈红梅   067

孩子开口说话晚，怎么鼓励他开口 /尹梓   071

对孩子的及时反馈比反复要求更重要　/ 卞集　　077

善于发现孩子的美好，孩子会越来越美好　/ 糜亚乒　082

陪孩子打怪兽，练就抗挫"护身符"　/ 慢跑的乐姐　090

第3章　在家也能做的能力启蒙，聪明的孩子教出来

如何培养孩子的财商　/ 黄嵩松　　096

如何激发孩子的潜能　/ 董鑫　　102

如何提高孩子的自信心　/ 刘红　　107

如何激发孩子的自驱力　/ 葛娜娜　　112

如何培养孩子的抽象思维能力　/ 蔡晓慧　　118

如何培养孩子的时间观念　/ 黄倩怡　　123

如何培养孩子坚持的品格　/ 李瑶　　127

第4章　艺术学习与学科学习，适合孩子才重要

孩子有没有必要上早教　/ 程今今　　134

孩子学习乐器的正确方式　/ 黄苏平　　140

如何对孩子进行数学启蒙　/ 加西　　147

如何帮孩子发现生活中的美　/ 赵晓静　　152

如何应对孩子的绘画敏感期　/ 范露露　　157

如何为孩子创造家庭英语学习环境　/ 陈斯琦　　162

提前学英语，掌握学科安排的主动权　/花牛妈　171

孩子看英文动画片，是在看热闹吗?　/张志红　176

《新概念英语》过时了吗?　/刘玉霞　182

第5章　入园、入学前的准备，妈妈安排很重要

如何轻松搞定"赖床娃"　/陈晶晶　188

如何培养有自主意识的孩子　/黎露　193

如何帮助孩子克服畏难情绪　/沫晓皖　199

如何抓住关键期让孩子迅速开窍　/老昊　204

恩威并施，让孩子从小爱上学习　/孙问　209

写给准备上幼儿园的新手爸妈的建议　/陈景瑞　212

第6章　入园、入学后问题多，优秀妈妈有妙招

教育孩子时，想动手怎么办　/锦绣小四月　218

孩子不愿意写作业怎么办　/张冉　223

大声朗读对孩子有什么好处　/安安　229

如何做一个有效完整的假期计划　/冯培洁　236

如何教会孩子规划学习时间　/小馨甜妈　242

孩子听、说、读、写10分钟，玩转录音全搞定　/黄艳249

第 7 章　二孩生活，每一个都很重要

老大宣言：不想要老二　　／李曼　　　　　　　　256

大的让小的还是小的让大的　　／糜亚乒　　　　262

二孩生活，也可以没有鸡飞狗跳　　／张志红　　267

大宝不"爱"二宝，是因为不会　　／李晓蓓　　　272

第 1 章　想做好父母，育儿先育己

> 孕妈妈如何摆脱孕期焦虑？父母如何与孩子共同成长？如何用父母的全局观引导孩子？教育孩子时，父亲应该扮演什么角色？无意伤害了孩子怎么办？这 6 个故事，可以帮助新手父母快速进入角色。

作者：陈云凤，微博教育博主@茶姐姐，是一个16岁女孩的妈妈。心理咨询师，并任广州市心理咨询师协会理事，是 iEnglish 类母语训练营讲师。

擅长领域：亲子关系、亲密关系、情绪管理、家庭教育等；举办分享会 400 余场，一对一地身心辅导 500 多个案，在微博、微信发表身心成长个案文章百余篇，直播近千场。

育儿，女儿教我做

这是一个女儿和妈妈共同成长的故事，也是一个女儿从委曲求全到自信善良的成长故事，更是一个从焦虑妈妈到从事教育事业妈妈蜕变的故事。

时光之轮要转到 12 年前，女儿在幼儿园中班的时候。

有一天，幼儿园有活动，我负责全程拍摄以及配合老师的工作。

在活动前，我和老师组织班里的 30 个小朋友列队，因为我女儿的个子当时在班里算是中等偏矮，所以被排在了第一个，后来因为第二个小朋友想站在第一个,就把我女儿轻轻推到了第二个位置。

接着问题出现了,第三个小朋友看着这样,又和我女儿交换了位置,接着第四个、第五个。就这样,我女儿由原来的第一个位置被推移到了第五个。我看到了全过程,既生气又心疼地上前把女儿拉到一边。

我问:"你为什么会被移到后面?"

女儿很委屈地说:"他们想站在前面,我也没办法呀!"

于是我对女儿说:"我去和他们说。"

女儿拉着我说:"妈妈不要,他们想占就让他们占吧。"

我说:"为什么呀?你本来是第一个的,难道说你不想吗?"

女儿说:"想啊!"

我说:"那你为什么要退让?"

女儿说:"我不想小朋友们闹得不开心,他们想占就让他们占吧!"

我说:"那你开心吗?"

女儿说:"我不开心,但小朋友们想占,我又不想和他们吵架……"

当时看着女儿这样,我心里特别难受,但又不知道该怎么办。

于是我就对她说:"如果你是真心想让给他们的,你就要开开心心的,而不是被逼的;不然的话,你就不要让,为自己想要的东西去争取,这没有错。"

女儿听着我说的话,脸上露出很无奈、很无辜的表情,然后应了我一句:"哦!"

一个上午，我内心都被这件事和当时的状态影响着，心里想着女儿这样懦弱，将来会不会被别人欺负？又想着女儿为什么不能够像我，自己想要的就主动去争取呢？

那天，女儿在育儿之路上着实给我上了一课：如果有冲突，她宁愿委屈自己，也要选择和平。

对于一直争强好胜、永不服输、弄得遍体鳞伤的我来说，从来不愿意委屈自己而去原谅别人。这一切或许是受原生家庭的影响，我养成了争强、任性、脾气暴躁的个性。

女儿的这种性格，让我欣慰的同时，也让我心存疑虑：如果"让"的动作不是出于自愿，而是强迫的谦让，会让孩子有深深的"被剥夺感"，久而久之，会使孩子不敢争取属于自己的合理权益。

看着女儿，再想想当时的我，我深刻意识到教养对于一个孩子乃至一个家庭的现在以及未来幸福的重要性。

也是从那天开始，作为一个母亲，我知道了：如果没有正确的教育理念和方法，将没有办法真正地帮到自己的孩子和家庭。因为对女儿的爱，那时候，我就给自己立下一个目标，我要做一个懂教育的妈妈！

自那以后，在女儿成长的道路上，我也由一个原本不懂育儿、遇事焦虑的妈妈蜕变成"育儿专家"妈妈。这一切源于爱，源于妈妈对女儿的爱！

俗语云："养儿方知父母恩！"我对这句话的理解是有了孩子，就会知道父母的不容易。另外，真正的育儿来自对孩子的聆听和尊重——聆听孩子内心的声音，尊重孩子个性发展的需求。

当孩子在外面与别的小朋友起了争执，回家在我们面前一直哭的时候，作为家长，你会怎么做呢？

有的家长不问原因，直接责骂孩子哭得让人心烦；而有的家长，则会问问孩子发生了什么事情，然后批评自己的孩子或者对方的孩子；还有的家长，会倾听孩子主动说出事情的经过，然后引导孩子对这件事情进行判断。

而我选择第三种方法，也就是倾听孩子。

孩子是我们养育的，但孩子的生活是他们自己的。倾听孩子，目的是了解孩子，引导他们做出判断，而不是将自己的判断强加在孩子的身上。所以，用正确的方式倾听孩子，对我们来说非常重要。

平时我在做家庭教育辅导的时候，经常有父母对我说："现在没有办法和孩子沟通，孩子回到家就会把自己关在房间里，已经好多天没有和我聊过天了，彼此之间显得非常陌生。为什么会这样呢？"

有了倾听就有了了解，有了了解才能知道孩子的真正需求。倾听，也是建立父母与孩子之间信任的桥梁。

那么，我们如何做到正确的倾听呢？

正确的倾听包括三个要求：一是专注倾听孩子表达的内容，二是感同身受地体验孩子表达时的情感，三是合理地拒绝孩子的无理要求。

下面我来仔细说说针对这三个要求，我在生活中是怎么做的。

一、专注倾听孩子表达的内容

女儿小时候每次找我说话,我总是边忙手里的事边听她说。几次后,女儿说:"妈妈,你这样不好,都没有认真听我说话,这样不礼貌,我很不开心。"后来女儿每次主动找我聊天的时候,我都会放下手中的事情,看着她的眼睛,有时候甚至跟她手牵着手、面对面坐着。

在倾听孩子表达的时候,我们必须专心。在与孩子沟通的时候,我们的全部注意力必须放在孩子的身上,不能让工作来分散注意力。

很多父母在倾听孩子表达的时候,往往手里还在忙着别的事。如果这时候你匆匆忙忙、心不在焉,就不要尝试倾听。倾听时,你需要集中精力来判断孩子的每一句话里是否透露着他的情绪,还要仔细琢磨,适时地对孩子的表达进行适当的评价,让你们的对话能够持续下去,让孩子尽可能地表达出他内心的真实情感。如果你这时候插话,孩子正打算敞开心扉,就被你迫不及待地打断了,那么他可能不再信任这样的对话,以至于以后不愿意与你深入交谈。

正确的倾听需要父母实实在在地投入时间与精力,而不是根据片面的信息给出简单的建议、批评和指导。比如,当孩子抱怨他很不喜欢班主任时,你就不能马上进行要尊重老师的说教,你可以引导孩子具体地说出不喜欢班主任的原因,比如,是不是因为某个行为被班主任批评了,或者让他说一说班主任平时是怎么对待同学们的。

二、感同身受地体验孩子表达时的情感

有一次，我和女儿聊她班里几个同学的行为。还没等女儿讲完，我就着急地说，这几个孩子不应该怎样怎样做，不能怎样怎样做……女儿当时就说："妈妈，你还没有听我说完，就随便下了结论，这样是不全面的，而且你也不能去评判别人呀！"

在与女儿沟通的过程中，作为妈妈，我因为心急，自以为是地想给女儿正确的判断，于是我想当然地表达了自己的想法。通过女儿的反馈，我明白：当我们在和孩子沟通时，要尽量控制自己，不把自己的观点强加给孩子，而是要引导孩子主动地表达自己的观点。特别是在与孩子谈话的时候，先不要去思考你应该跟孩子说什么，而是要尽可能地将注意力集中在与孩子的谈话内容及感受上，尽可能设身处地地站在孩子的角度理解所发生的事情，不要对孩子的感受自以为是地做出判断，要允许孩子有自己的感受。

为什么孩子会对家长的感同身受这么敏感呢？

这是因为我们每个人的大脑中都有一个发现各种情绪信号的边缘系统与前额叶皮层。边缘系统是人神经系统中的社交和情感中枢，负责让人感知自己身边人的情绪。就像雷达一样，边缘系统会持续地发出探寻的波流来让人感知身边的一切。

同时，前额叶皮层也在分析这些情绪信号。当孩子通过大脑边缘系统感知到你的情绪时，他的前额叶皮层就会运作起来，去分析这些信号意味着什么。当这些信息经过整个神经系统的分析后，就会得出你是不是在真的帮助他解决这个问题的结论。

如果你没有感同身受,孩子就会做出自我保护的反应,也就是不相信你说的话,拒绝与你进一步沟通。

三、合理地拒绝孩子的无理要求

我们正确地倾听孩子,并不意味着要接受孩子的全部意见,当孩子的要求不合理时,我们要学会拒绝。

在女儿 5 岁的时候,我们一起去商场,她看到柜台里有她一直想要的故事书,就站在那里不想走,甚至闹别扭。于是我就弯下腰,蹲在地上问她:"是不是很想要这本故事书?"

她说:"是。"

我问:"喜欢它的原因是什么呢?"

她说:"因为很好看。"

我问:"必须今天买吗?"

她想了想,说:"也不一定。"

我和她商量:"要不,你回去把家里的那两本故事书看完,并且给妈妈讲故事,然后下一次妈妈买给你,好不好?"

她又想了想,脸上露出了笑容,说:"好啊!"

然后她又说:"妈妈,我上次看到一个小朋友在街上跟他的爸爸要玩具车,结果他爸爸不给买,他还非常不开心地在地上打滚,弄得他爸爸很生气,还打了他几巴掌。今天我没有发脾气,虽然没有买到书,但是我很开心,因为我只要读完家里的那两本故事书,下一次妈妈就可以给我买新的故事书了。"

我看着她稚嫩的笑容,也开心地笑了。

有些时候，孩子确实会无理取闹，这时家长要及时对他说"不"。只有在你拒绝他之后，他才能认识到他做的是错的。但要注意，我们这里的拒绝并不意味着你要斥责或打骂孩子。

当孩子在商场里看到喜欢的玩具想买，你说不买，孩子就开始哭闹时，你可能会觉得很没面子，想对他生拉硬拽，孩子可能会因此讨厌你。这是因为孩子认为爱他就应该满足他，而你的直接回应"不买"，会让孩子理解为"妈妈不爱我了，她不给我买我喜欢的玩具"。

在正确地倾听孩子表达的过程中，如果确实要拒绝孩子的要求，可以在回绝的同时把你拒绝的理由告诉他，一定让孩子感受到，你拒绝的是不恰当的行为，而不是孩子本人，所以你千万不要说"你这个孩子怎么这样""你太讨厌了"之类的伤害孩子的话。

正确地拒绝不合理要求，不仅能帮助孩子更好地成长，也能让孩子学会用自己的方式去处理问题，还能让孩子感受到你的爱。

我们在拒绝孩子时可以坚持三个原则：第一是立规矩，讲原则；第二是拒绝的态度要温柔而坚定；第三是不伤人，不伤己。

对事不对人，才不会影响亲子关系。我们不能拒绝孩子对我们爱的期待，所以无论是怎样的拒绝理由，都要让孩子感受到我们对他们的爱！

在育儿路上，任重道远，古有"孟母三迁""岳母刺字"等，足以见得，一位母亲对孩子的教育，小到家庭，大到民族，都会产生深远的影响。

作者：邓强，本科毕业于中国人民解放军理工大学，研究生毕业于中国矿业大学（北京），曾在军队服役10年，后转入国家机关任公务员，现在中央企业从事人力资源管理工作。作为两个儿子的父亲，他擅长心理学、人力资源和市场管理。

父亲如何陪伴儿子成长

我家有两个男孩，一个11岁，另一个6岁，大宝以前跟我待的时间比较长，二宝出生之后，在家里我主要负责大宝的学习，妈妈负责二宝的生活，后来由于我的工作忙起来，二宝跟妈妈待的时间更长。随着二宝也进入小学，我发现两个孩子的性格还是出现了比较大的差异。

"爸爸，哥哥刚才摸我的头。"

"爸爸，哥哥又玩手机游戏。"

只要我在家，二宝就会找各种理由向我告状，博得我对他的关注。大宝给他起了一个外号"告状鬼"。

我问他们的爷爷奶奶："我不在家的时候他俩也这样吗？"爷爷奶奶说："你不在家，他俩各玩各的；你一回来他俩就开始闹。"

大家都知道父亲参与家庭教育的重要性，但是有些人可能不太清楚父亲在孩子教育中如何做。一般家庭里，父亲都是家里的经济支柱，工作会很忙，陪孩子的时间就会相对少一些，有的时候，父亲对于孩子的教育是缺失的。然而，对于孩子的性格培养和成长过程，父亲却又是不可或缺的，因此父亲要抓住一切可以陪伴孩子的时间，高质量地陪伴孩子。

一、遇事及时教孩子如何处理，理解社会交往规则

由于二宝从小由母亲陪伴多一点，他的性格比较细腻，也有点胆小怕事。

有一次，我们和二宝从外面买完东西准备回家，在小区里，我走在前面，跟二宝之间有一段距离，迎面走过来一个看起来像幼儿园中班的小男孩，当我转头想叫二宝走快点的时候，明显地感觉到那个小男孩看二宝时眼神很凶，像一只狮子碰到了一只落单的羚羊。二宝哆哆嗦嗦地要避开，连大气也不敢出。

我感觉不太对劲，就叫住那个小男孩："小朋友，怎么了？你们认识吗？"

小男孩见有大人在，眼神立刻恢复成一个孩子应该有的温和。

"去年夏天的时候，我妹妹的一个滑板车放在那棵树底下，后

来就没有了。"他理直气壮地说。

"那你的意思是,他拿走了你的滑板车吗?"我问,接着转过头又问二宝,"你拿了人家的滑板车吗?"

"不是我,我没有。"二宝否认,声音小得像蚊子叫。

我接着问小男孩:"有人看见是他拿走了滑板车吗?"

"有人看见他骑了滑板车,然后车轮子就坏了。"小男孩又改口了。

"二宝,你骑坏了人家的滑板车吗?"

"我就骑了一下,就放在树下了,之后就跟爷爷回家了。"二宝显然很委屈。

凭我对二宝的了解,他不是破坏性很强的孩子,也不会撒谎。但是显然这件事已经变成一桩无头案,没法辩驳了。我只能告诉二宝今后动别人的东西之前要经过别人的同意,用完之后要跟别人确认已经完好地还回去了。

那个小男孩的社交能力明显比二宝强。我们对二宝的过度保护,使他没有独立处理问题和纠纷的经验。孩子和小朋友发生矛盾时,父亲要教孩子怎么样去化解。如果不是自己干的,怎样义正词严地驳斥。如果是自己理亏,怎么能够通过语言把这个损失降到最低,然后让大家都得到一种满意的结果。最后的结果是,二宝经过和小男孩及大宝商量,把大宝玩过的一个旧滑板车送给了小男孩的妹妹。

父亲要在遇到问题的第一时间,和孩子商量处理问题的方案,但是不要全权包办,要引导孩子自己去想办法。孩子在这一过程中会不断地认识社会规则,不断地提高解决问题的能力。

二、多参加对抗性的体育运动，培养男孩的"狼性"特质

父母都希望自己家的男孩阳光、开朗、热情、有力量……父亲要养育一个男孩，就要培养他的"狼性"，要教导他有直面困难、直面问题的勇气，不能遇到问题就回避躲闪。

所以父亲一定要带着孩子去冒险，做一些平时妈妈不能带着做的事情。在尽可能陪伴的情况下，其实也有很多低成本的方式去培养孩子的冒险精神。比如，大宝不到3岁时，我就经常带他在高台阶上走，我在底下保护他。小的时候孩子骑童车，长大后，就可以带他在人比较少的地方骑成人自行车。

教养之道不是把孩子密不透风地保护起来，而是让孩子经历成长路上的各种冒险。在我们小的时候，孩子之间的打架都很正常，现在大多是孩子跟孩子打架，然后家长觉得自己家的孩子不能吃亏，就跑过去跟对方孩子的家长"理论"，这样对孩子的成长不利，给他传递的是不正确的信息。

那么，父亲长期不在孩子身边的家庭，应该怎么做呢？

首先是让孩子多参与运动，"完善其体魄，文明其精神"，尤其是男孩，精力比较旺盛，通过运动能够释放他的精力，强身健体。男孩要参加对抗性的体育运动，比如踢足球、打篮球、儿童拳击。通过对抗性的体育运动，孩子可以更多地与别人接触，体验胜利与失败，培养竞争精神。

现在家里电子产品比较多，孩子们在室外活动少，因此增加运动时间可以保护孩子的眼睛，还有助于孩子长高个子。我家孩子长

期练习游泳,在他们班是个子最高的。

其次是一定要参加集体活动,有精力的家长可以带着孩子旅游长见识。

陪伴是最长情的告白,如果能够陪伴孩子成长是最好的,但是如果不能够时时刻刻地陪伴在孩子身边,对于男孩来说,一定要在几个重要的节点,尤其是孩子敏感期,做出正确的引导。

作者：夏昭，微博博主@鲨到第一名。毕业于中国人民大学，高中教师。有着跟300名孩子同吃同住多年的独特经历，因此积累了大量可落地的教育经验。曾用这些方法论，令之前考300分的孩子用9个月的时间考进985名校，还把多位学生送入高校。微博20万粉丝，文章《九退一进，培养高分高能》累计获得百万阅读、近万转发。

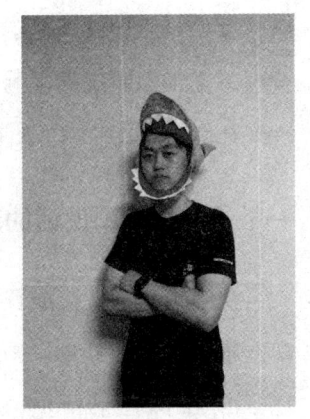

无意伤害了孩子怎么办

我是一名高中数学老师，在教学过程中，曾经遇到过这样一个女孩：她每天脸上一点表情都没有。父母跟她说话，她总是低着头，一言不发；上课的时候她也总是低着头，长长的刘海儿挡住了眼睛，和老师没有任何的交流和互动，老师不知道她听懂了还是没听懂。

她对老师特别挑剔，不喜欢的老师上的课根本不听。父母连续给她换了七八个老师都不能让她满意，最后到了我这儿。经过一番细心的交流和努力，她愿意留下来，而且开始努力学习。接触几天后我发现，这个女孩很聪明，记忆力特别强，英语单词看一遍就能背写下来，但原来的学习成绩却并不理想，甚至属于倒数。在请她吃了几顿她喜欢吃的肯德基，经过谈心之后，女孩慢慢打开了心门。

一、了解孩子不说话的原因

初中是这个女孩成长过程中的一个重要转折点。那时候的学生都特别喜欢日本动漫，她也一样，还会偷偷地学日语、学漫画。她确定自己的人生梦想就是将来要到日本学漫画。父母不是坚决反对，但经常话里话外透露出他们的不同意。

一次，她参加美术比赛失利了，爸爸对她说："既然你的美术之路并不顺利，那不如就专心学习吧。爸爸妈妈还是爱你的。"交流中，她对我吐露心声说，爸爸的话对她打击很大，让她感觉到自己的梦想瞬间破灭了，一点希望都没有了。从此，她就变得沉默寡言了。

当我跟她的父母交流这件事情时，父母很意外，觉得自己已经很注意了，说话时也很讲究艺术性了，是在表达"无条件的爱"呀，完全没有想到居然给女儿带来了那么大的影响。本来比赛失利对她的打击就已经很大了，她内心是很脆弱的，需要的并不是父母的安慰和评判。

她爸爸的话"既然你的美术之路并不顺利，那不如就专心学习吧。爸爸妈妈还是爱你的。"似乎是父亲对孩子深沉的爱，但孩子感受到的却是父亲内心深处隐藏的蓄谋已久的想法和言语中的扬扬得意，父亲似乎在说："你看，还是我对了吧？这次你该听我的了。"生活中，很多父母都用过类似的表达方式，把一个满腔热血的孩子搞得沉默寡言，其根本的原因就是父母太习惯于用自己的思维方式思考孩子的未来。父母很容易把自己在竞争中输不起的心态用在教育孩子身上，从不去思考，也并不知道孩子内心真正想要什么。有的父母执着地用一种"我是对你好，我要对你负责"的想法，一厢情愿地对孩子的人生指手画脚。

二、最热血的孩子要用最热的血来浇灌

带过上百位学生的课业、做过上百位家长的咨询个案之后，我总结了一句话：最热血的孩子要用最热的血来浇灌。比如，一个孩子参加乒乓球比赛，结果输了。他悲伤地坐在地上呜呜大哭，家长走上前去跟他说："别难过了，妈妈永远爱你。"你认为他会开心吗？不！他根本不会开心。恰恰相反，你会发现他哭得更伤心了，因为他在此时此刻想要的不是妈妈的安慰，而是赢。

聪明的家长这时候会说："别难过了，妈妈帮你一起想办法，想想下一次我们怎么才能赢。"

一个小学三年级的孩子妈妈说："孩子竞选班干部，被选上了，但他却不开心，因为这次的选票比上一次少了10票，孩子觉得很没面子。"

妈妈这个时候安慰他说："不要太在意别人的看法！如果你太在意别人的看法，那属于自己的生命还有多少呢？"结果她发现孩子更伤心了，为什么呢？因为孩子此时此刻想听到的话是"妈妈和你一起想办法，想想我们到底怎么做才能在下一次的竞选中获得更多的票，怎么才能让更多的同学支持你"。

当你传递给孩子的信息是错误的，怎么可能要求孩子反馈给你一个正确的答案呢？

父母应该传递给孩子的是无条件的爱，很多父母也想这么做，但往往像故事开头那个女孩的爸爸一样适得其反。显然在那一时刻，爸爸的爱是有条件的，所以那个女孩从此之后再也不向爸爸妈妈敞开心扉，而是用长长的刘海儿挡住自己的眼睛，因为她认为这个世界并不安全，并没有人能真正理解她。

三、每天必须表扬孩子两次

我告诉那个女孩的爸爸妈妈，这样的孩子看起来好像很佛系，没有想法，其实她会更争强好胜。在输了、跌倒了的时候，她更需要有人能理解她、接住她，所以我对她的爸爸妈妈提了一个要求：每天必须表扬孩子两次。一次叫作无条件的爱。例如："宝贝，我怎么这么爱你，我怎么看你这么漂亮，怎么看你这么顺眼。"另一次叫作针对某一个具体的优点来夸赞。例如："姑娘，今天老师说了，你的生物笔记写得真好，你的数学错题本整理得真有逻辑。"为什么要这么做呢？因为我们要告诉孩子我们理解他，也爱他。

在我跟这个女孩的交往中，我认真地倾听她的心声，不去安慰和评判，让她感觉到，我可以理解她。

她的父母按照我的要求去做后，渐渐地，这个女孩变得开朗起来，也愿意跟爸爸妈妈吐露心声了，对未来的人生又有了新的梦想，对学习也产生了兴趣，学习成绩自然也快速提升了。9个月后，她考上了一所985大学，圆了自己的一个人生梦。我相信她会在大学里继续努力追梦。

因此,父母无条件的爱,并不是"你怎么样我都爱你",而是"我爱你如你所愿"。爱与自由并不是完全地放任不管,而是以恰当的方式帮助孩子实现自己的所想所愿。

作者：孙天阳，微博育儿博主@山竹妈妈，家庭教育辅导师，绘本教育高级指导师，理学硕士，毕业于中国科学院大学。博士中期选择退学，开始再次成长。热衷科学育儿，拥有大量原创育儿、绘本相关微博，博文访问量达百万人次。

孩子的好发展，需要父母的全局观

妞妞是我老公的外甥女，11岁，上小学五年级。妞妞平时和奶奶、妈妈一起生活，爸爸在外市打工，一年总共只有一个多月的时间在家。

我们住得很近，妞妞周末和假期经常来我家。她很愿意跟我聊天，说她的小秘密。在我看来，她虽然学习成绩不好，但爱唱歌跳舞，是个开朗活泼的姑娘。

突然有一天，妞妞被她的好朋友涵涵打了，还被逼着给涵涵钱。

这已经构成了校园霸凌,绝不是简单的小女孩之间闹矛盾。

事情并不是她主动告诉我们的,而是姥爷在看她手机时,发现了她给涵涵的转账记录。姥爷几番询问,妞妞才哭着说:"是她逼我的。她说我要是不给钱,她还会打我。"令人震惊的是,她已经被涵涵打了好几次了。暴脾气的姥爷当即质问道:"为啥不早跟我们说?你咋这么窝囊,为啥不还手?为啥就打你不打别人?你要是学习好,别人还能打你?"

第二天,妞妞奶奶到学校找了老师,让涵涵还钱道歉。妞妞也保证,以后再也不跟涵涵玩了。

一个周末,妞妞来了之后,我单独跟她聊起这件事。

我问:"涵涵都打过你哪里?疼吗?"

"她用棍子打过我的屁股,踢过我的腿,打过我的胳膊,当时挺疼的。我不借给她钱,她就骂我傻,还说我不配活在这个世界上。"

听到这里,我很惊讶。不知道是什么原因让一个12岁的小姑娘竟能说出如此咄咄逼人的话。

妞妞告诉我,涵涵也打过其他同学,但她并不认同这种做法,也没有跟涵涵一起打过别人。

我好奇地问:"那你为什么还和她一起玩呢?"

妞妞笑了,说:"因为我没有别的朋友,只有她!她带我去城里玩,还教我打游戏。以前我俩也闹过别扭,但过不了多久就会和好。不过,她总是找我借钱。我现在不想跟她做朋友了。"

我突然发现,眼前这个小姑娘,可能并不是我认为的那样。

仔细观察了一段时间后,我发现妞妞有一个让我很不解的行为——不会直接表达自己的需求。比如，看到冰箱里有巧克力豆，她会对我说："这个是不是要过期了？赶快吃了吧。"她想吃雪糕，也会跑过来问我要不要吃，而不是直接去拿。

家长对待她的方式大多是吼叫和说教。她想吃某样东西时，家长会说："还吃！都这么胖了，吃什么吃！"她看手机时，家长会说："眼睛都快瞎了，再看，我就把手机摔了！"她衣服穿脏了，家长会说："这么好的衣服，你穿都白瞎了！"

我记得，有一次妞妞提出了一个要求，不但没被满足，还被妈妈骂。我看到妞妞跑到厕所，边哭边打自己，小声又用力地说："不给我自由，你们生我干吗！"还有一次，我们在游乐场玩，她想吃3元的雪糕，姥爷却只给她买了1元的雪糕。妞妞撕掉包装后，不小心将雪糕掉在了地上，她忙不迭地捡起来咬了一口，嘟囔着"没事没事，还能吃"。

当时我正在上儿童心理技能训练课。我把妞妞的案例讲给老师后，老师说："妞妞在心理上离不开涵涵。而且，你看到的这些事情都是有联系的。"

果然，一周后妞妞高兴地告诉我，她与涵涵又和好了。

学完儿童心理课和家庭教育辅导师课后，我重新去看待发生在妞妞身上的被欺负事件，以及我观察到的她的一些日常表现。我发现，这些都只是当下的结果。它们看似各不相关，但背后却有着相同的原因。

妞妞为什么忍着被打、被骂、被借钱，还要与涵涵和好？

一、给孩子足够的独立感、能力感、安全感

对于刚刚进入青春期的女孩来说,生理和心理都已开始发生变化。她们除了亲子关系,更需要同伴关系带来情感的支持。除了涵涵,妞妞没有其他可以一起玩游戏、一起吐槽、一起分享秘密的伙伴。家里的长辈又总是不能与她同频,甚至不理解她,不能温和待她,她没有更好的情感寄托,所以只能抓住涵涵不放。

那么,妞妞为什么没有别的朋友?

交朋友属于孩子的社会发展。社会发展的基础并不是孩子本来的性格,而是独立感、能力感和安全感。

独立感强的孩子,时常能主动、独立地做事。家长只有给孩子充分的选择权和决定权,才能让孩子学会自我负责。这样的孩子才能主动去结交朋友。

能力感强的孩子,在独立做事的基础上,可以逐渐认识自己的能力边界,既能勇敢探索,又能识别危险。这样的孩子才有信心去参与到其他孩子的活动中。

安全感强的孩子,在良好的家庭环境和亲子关系中,被接纳、被看见、被理解、被信任,父母无条件的爱与支持给了孩子向外探索的勇气。这样的孩子才能信任他人,愿意与别人交朋友。

看似社交能力不错的妞妞,实际上内心却很匮乏。妞妞能自己做选择、做决定的机会比较少,又因为学习成绩差常被家长指责。另外,爸爸长期不在家,妈妈和奶奶缺乏正确、温和的教养方式,使得妞妞没有好的亲子关系和家庭环境。独立感、能力感和安全感

都在减分，妞妞自然没有足够的信心和勇气去正常地交朋友。

二、满足孩子的合理需求，给孩子正确的引导

妞妞的需求不被满足、不被接纳，所以她长期处于压抑的环境中。这让她不得不学会"转弯抹角"地表达自己的需求：她用偷偷哭、打自己的方式发泄，她视掉在地上的雪糕如珍宝。这无端消耗了妞妞很多成长的正能量，减少了她主动向外探索的精力与热情。

很多家长看到孩子内向、不爱说话、不主动和别的孩子玩，便会强迫孩子主动上前，甚至会认为这是孩子的错，需要他自己改。这种做法是对当下看到的结果的直接评判，治标不治本。我们需要做的应该是对结果背后的原因追本溯源。只有找到正确的引线，才能阻止爆炸。

妞妞目前出现的很多状况，并不是一天、一个事件造成的，而是连续的、许多事件互相作用的结果。诚然，人有自我修缮的能力，妞妞在正确的引导下也能获得好的成长。但是，破坏后的自我修正，需要消耗巨大的认知资源和心理努力。治未病比治病要容易得多，父母对于孩子的发展，应尽量防患于未然，而非亡羊补牢。

孩子的发展就像培养一棵树。带着全局观，我们才会从种子开始，认真对待每一次浇水、施肥、除虫，因为它们很可能对这棵树未来五年、十年，甚至更长远的生长状况都有重要的影响。将来有一天，如果孩子出现问题，我们并不是责备孩子，而是要反思自己，竭尽所能补充缺失的元素，这样才能继续推动孩子的发展。

全局观就是从种子开始，培养一棵好树。

作者：李晓蓓，创业者，为了能够做好实习妈妈，将公司交给他人打理，创办了一所学校，专心于教育。拥有多个身份：心理咨询师、调查分析师、国际英语教师。擅长心理学、育儿。

改变孩子，妈妈背后的那个人更重要

我懂点心理学，所以找我咨询育儿问题的家长很多。孩子的成绩问题被很多家长重视，我也确实在短期内帮助一些孩子提升了成绩。但是更多地，我认为妈妈背后的那个人更重要。

一、怎么让孩子的成绩"他/她想要，就能要到"

Cindy 的女儿丹丹，今年上高二。高一下学期的时候，班主任对丹丹进行了劝退。丹丹对老师横竖看不顺眼，总是给老师"找麻烦"：

做指甲,头发染得五颜六色,有谈恋爱的迹象,影响其他人学习,顶撞老师……当然,最重要的是成绩下滑严重,拉低了班级的平均分。

丹丹的爸妈在她六年级的时候离婚了,丹丹跟着妈妈。妈妈从小就给了丹丹很多的"爱",因为觉得亏欠了丹丹,在物质生活上更是有求必应,并把所有时间都给了丹丹。可是丹丹的欲望好像永远填不满,总是有各种各样的要求,要了球鞋、运动衫,还要手机、iPad……

我和丹丹沟通了一次,听丹丹详细描述了她对生活的各种不满,就连老师上课时的音调,对于丹丹来说,都是非常刺耳的。说真的,如果是我自己的孩子,我听到她那些奇葩的言论,我可能也会忍不住要反驳她价值观存在的问题。

和丹丹聊完以后,我告诉她妈妈:丹丹并没有太大的问题。虽然她对有些事情的看法的确失之偏颇,但是总体而言,情况并非特别严重。我着重强调了,妈妈平时经常不理解丹丹的苦心,比如丹丹与继父之间有矛盾,那是因为她想保护妈妈。从这些细节中可以看出丹丹是非常爱妈妈的,我便给了妈妈一个建议,应该先给丹丹道歉。

妈妈听到需要给丹丹道歉,情绪立马变得十分激动,认为明明自己没有错,为什么要给丹丹道歉?平时在和丹丹相处的过程中,自己做出的让步已经够多了,丹丹并没有像想象中的那样得到了很多爱就会满足,反而在变本加厉。

我们先来想一下,为什么要给孩子道歉呢?是在助长孩子"嚣张"的气焰,还是还希望达到我们的期望和目的呢?我们希望的是能够打开孩子的心结,让孩子全身心地投入学习,从而成为一个成功的人。

我们难道真的不应该给孩子道歉吗?我们真的懂孩子吗?我们真的满足了孩子的需求吗?孩子看上去很坚强,平时说话都像是小大人,好像什么都懂,但如果她真的什么都懂,那么为什么会被班主任劝退?我们是不是哪方面没做到位呢?

关键要看我们需要在哪方面给孩子道歉。例如,我们是不是应该为自己"没能在孩子非常需要的时候出现""没能理解孩子,当她恐惧、害怕的时候没能给她精神上的支持""没能真的无条件地爱她"而向孩子道歉呢?

妈妈被我说服以后,尝试着给丹丹写了一封致歉信。离婚的时候,妈妈没有关注到孩子内心的迷茫和害怕;在重组家庭的时候,没有先告知未来生活可能存在的困难和相应的解决方法。

丹丹看到信后大哭了一场,其他什么都没说。

在随后的学习中,丹丹改变了对待他人的态度,从浑身是"刺"变得宽容忍耐,不再对外界充满仇恨。以前她总是觉得学校的每位老师都不好,处处针对她,所以非常不喜欢上课。当丹丹内心的"刺"被拔除以后,她觉得外界都对她变得和善了,她上课时也变得注意力集中了,两个月后的期末考试,她从倒数考到了班里的第六。老师也讶异于她的变化。

Yoyo 的女儿乐乐,五年级。妈妈在我的指导下,开始陪她阅读,协助她归纳错题,数学成绩在半个月内,从及格到了良好,又上升到了优秀。后来,每次妈妈想"狮吼"的时候,就会想到我说的"怒火要在别处发泄,孩子真的不懂,需要我们手把手教。再耐不住性子,也必须忍耐,回头找别处发了怒火,才是正确的方式"。

二、妈妈是个"感性"人,帮她"撑腰"的人很重要

孩子的能耐有多大?每次孩子惹你生气的那件事情真的那么重要吗?有多少次,妈妈都是因为工作问题、生活琐事,甚至和孩子爸爸之间发生了矛盾,当时压住了火,但在和孩子相处的过程中,被孩子点燃了怒火?如果有一个人提前排解了妈妈的怒气,即便同样的事情发生了,相信妈妈的怒火也不会那么轻易被点着。

父母和子女之间的矛盾是一直存在的。这种存在就是我们的"理性"和"感性"之间的矛盾,是我们生活时代不同导致的代沟,是我们"想要的"和"需要的"之间的不匹配。在现实生活中有很多都是寻求不到两全其美的"中间地带",最终只能是有一方做出妥协。

而孩子是那个还没有发育完全的、不懂事的小家伙,我们做父母的,总是会比他们更有远见。但是,妥协对于任何人来说,都是很憋屈的,都是需要压着火的。当我们压着火的时候,自然做不到客观理性,这是人性,没有人可以违背。

这就要求妈妈先平衡好自己的情绪,才能去"育人",所以协助妈妈平衡好自己情绪的这个人就显得尤为重要。在必要的时候,可以始终"以理服人",承接住妈妈的非理性和火气,并且始终能够比较中正地表达清楚更远大的目标。

这个人可以是爸爸，可以是妈妈的好友，也可以是专业人士。是谁不重要，重要的是能够帮助妈妈把无名火都排解掉。

孩子的成长不是一蹴而就的，孩子不会在一夜之间就长大。即便因为某件事"开窍"了，生活好像越来越往主干道上走，但是这个迅速变化的时代存在着各种各样的诱惑和突发因素，会随时改变孩子的状态。而妈妈就要帮助孩子适应环境，并时刻关注孩子状态的变化，这是个长期而又艰巨的任务。

育儿的成功，不是一个结果，而是一种持续的状态。

作者：赵竹君，情感博主@赵芸菲，健康管理师，毕业于西北农林科技大学，葡萄与葡萄酒学硕士。擅长孕期饮食搭配、体重管理，孕期增重9kg，一直运动到产前10小时，产后28天恢复孕前体重。

孕期不焦虑，做对这三件事，轻松做妈妈

2020年11月8日，我的女儿Luna出生了。当我把这个好消息发布在微信朋友圈时，溢美之词如潮水般涌来："看你怀孕生娃，就跟演电视剧一样""你孕期长了不到20斤呀，体重控制得真好""生娃前10小时你还在运动，太有毅力了"。

虽然我是大家眼中的孕妇达人，但是在得知怀孕的那一刻比任何人都焦虑。

我的焦虑来自两个方面：一方面，经济压力大。我跟老公开的餐饮店无法经营,前期投入打了水漂。而老公谈好的新工作,入职时间遥遥无期。另一方面,心态没准备好。对于当妈这件事,我是个绝对的拖延症"患者",就像写暑假作业,不拖到最后一天绝不动笔。

所以,我发现自己怀孕的那一刻,跟电影里演的夫妻拥吻、激动万分的场景一点不沾边儿。我和老公就像临时被通知开学的小孩一样,一边惊慌失措,一边疯狂补作业。最初那一个月,每天都在担惊受怕:我没有备孕,也没吃叶酸,小孩不会畸形吧?孩子太大,生不出来怎么办?我会不会难产啊?生了娃身材恢复不了,老公不爱我了怎么办?

总之,孕早期的我完全接受不了自己的新身份。现在想想,这些担心和焦虑的根源来自三方面:第一,孕育知识匮乏,导致对生产过程的恐惧;第二,孕期身体的变化导致对身材、容貌的焦虑;第三,身份转变太快,没有找到适合自己的调节方式。既然根源找到了,那就逐一击破吧。

一、全方位了解生产过程,让自己脱敏

说来惭愧,我居然对生孩子的过程一无所知。为了搞清楚这个过程到底是什么样的,我疯狂地刷了好多科普视频,加起来至少有100个。什么难产的、大出血的、顺转剖的,我都了解了。

同时,我坚持把学习后的总结和感想发在微信朋友圈。这么发了3个月,到了孕中期,我就对生产过程了如指掌了,还有很多孕妈妈来私信请教我。我从一个"懵懂少女"变成了科普生娃的"居

委会大妈"。

身边有朋友说，看那么多干啥，越了解越害怕，还不如稀里糊涂地把娃生了呢。但我的观点是不能稀里糊涂，一定要做个明白人。大量输入孕产知识的过程，就像是题海战术，当你刷题的数量足够多，凭着肌肉记忆就能把题做对。因为越了解，所以我越淡定。

比如，我生产的前两天，就已经见红了。但我知道这还不是马上要发动的信号，没等到规律宫缩，就算去了医院也得爬楼梯催产。于是我没着急去医院，按自己的节奏去了健身房。等了2天，规律宫缩来了，我才抄起待产包去了医院。

再比如，孕晚期那一个月，我几乎做梦都在练习拉玛泽呼吸法。其实口诀很简单，提前一个月就去练习是为了把方法练成肌肉记忆。头一次生娃，准妈妈们都很紧张，如果再遇到胎位不正、羊水早破等特殊情况，自己肯定就慌了，此时去回忆怎么呼吸，多半想不起来。提前练习的好处就是将方法记在脑子里，凭直觉就能做对。

二、做好体重控制，从小仙女到辣妈无缝衔接

都2021年了，该不会还有人认为孕期就可以肆无忌惮地吃吃吃，任凭自己的体重长了三四十斤吧？增重过多，不仅产后减肥痛苦，而且对盆底肌的压迫极大，产后恢复更是难上加难。我整个孕期都是自己做饭，增重不到20斤，产后28天就恢复了体重，全凭孕期建立起的饮食习惯。具体来说，有以下两点。

1. 注意进食顺序，先吃蔬菜和肉，最后吃主食到八分饱

体重控制绝不是让你少吃，毕竟肚子里还有胎儿，一定要保证

营养充足。作为陕西人,夹馍、面条少不了。尤其是面条,饿的时候吸溜吸溜三大口,胃里刚"热完身",这热量就超标了。完全戒掉不现实,不如调整进餐顺序。先吃蔬菜和肉,这两类食物不容易咀嚼,相当于"强迫"自己慢慢吃,肚子就饱了一半,最后吃主食,吃的量自然就少了。

2. 使用独立餐具,别因为食物健康就吃得过量,尤其是水果

太多孕妇踩过"多吃水果没事"的坑了,例如,葡萄吃了眼睛亮啦,蓝莓吃了皮肤好啊。其实,再健康的食物吃多了,对身体也就不好了。我的医生明确告诉我,孕妇每天吃 200 克水果就可以,也就是差不多半斤。半斤是啥概念?一个中等苹果 200 克,而一个大苹果将近 400 克!大苹果吃完,你就妥妥地超标了啊!

我每天只吃半个苹果,剩下的都分享给家人。每顿饭就是一小碗菜和一小碗肉,最后吃主食。当时还总有人说我吃得少,担心影响宝宝发育。但 Luna 出生时整 7 斤,体形不大,但肉特别瓷实。助产士们都说:"看你肚子不大啊,没想到生了个胖闺女。"所以饮食的关键不在于你吃得多,而在于吃得对、吃得精。

三、以责任感做驱动力,养成好习惯

其实,我怀孕前也不是个很自律的人。虽然我办了健身卡,但经常是三天打鱼,两天晒网。反而是我怀孕期间,每周 3~5 次去健身房打卡,从未间断,甚至到了孕晚期,还成了整个健身房的名人。经常有人问:"能不能拍一段你的视频呀,我想鼓励我怀孕的朋友。"

为什么怀孕反而增强了我的自律呢?因为责任感。正因为有了宝宝，怕受伤、怕做错，所以每个动作都力求标准。每次都会录视频，然后一帧一帧地纠正。而且，我自己的亲身体会是孕期运动的好处非常多。

（1）分泌多巴胺，妈妈心情好。

（2）增加摄氧量，有利于宝宝发育。

（3）控制体重，增强肌肉，助力顺产。

那么我在孕期都做了哪些训练呢？每周3次有氧运动＋2/3力量训练。有氧运动一般是40分钟走路或椭圆机上锻炼；力量训练主要是针对生娃时要用到的肌肉。

大多数人的日常活动以下肢为主，所以上肢力量普遍不足，尤其是有些女生，手臂基本上没什么锻炼机会，包括我自己也是。而孕妇顺产，大部分采用截石位，脚要蹬、手要拉，那么手臂、大腿、背的力量都要用到。虽然不能上多大的重量，但平时多练练手臂和背，肌肉就会产生记忆力。到了真正上产床的时候，人一紧张很容易用蛮劲儿，如果平时练过，就不太会产生肌肉拉伤。而且事实证明，我的生产过程也确实非常顺利。从住院到Luna出生，6小时搞定。

正因为做到了以上三点，我整个孕期都过得相当愉快。健身房照去，咖啡照喝，还在怀孕38周的时候，参加了健康管理师考试并顺利通过，一样都没耽误。

谁的孕期不焦虑？只要掌握了正确的方法，孕期也可以是我们的增值期。宝宝们都是天使，让我们发现自己的缺点，并变成更好的人。

第 2 章　亲密关系，需要父母的洞察力

在孩子成长的过程中，父母总会遇到这样或那样的问题。怎么和孩子讲道理，怎么有效地称赞孩子，怎么无条件地接纳孩子，怎么防止孩子抑郁等一系列棘手的问题，在本章中都给出了答案。

作者：孙丽，微博情感博主@心理医生——孙丽。国家二级注册心理咨询师，两性情感专家，婚姻家庭子女教育专家，性教育老师，中国健康产业工作委员会心理咨询专业委员会理事，黑龙江省健康学会专家委员会理事，深圳慧生活文化传播有限公司总经理，哈尔滨慧生活心理咨询工作室首席咨询师。

如何防止孩子抑郁

我的女儿小雪，在小学四年级的时候，有过一段抑郁的经历。异地转学、环境突变是引发小雪抑郁的主要原因。那一年，因为我的工作调动，我们举家搬到了另一个城市。为了给孩子一个良好的教育环境，我为小雪选择了一所重点小学，并在学校附近买了学区房。

因为我的工作比较忙，小雪的上下学接送、日常生活就由姥姥、姥爷帮忙照顾。对于女儿，我是从不担心的，她的学习成绩不错，也很乖，所以我就把全部精力投入工作。我每天早出晚归，经常是我回家时女儿已经入睡，早上我出门时她还没有醒来。

就这样，女儿转眼开学一个月了。忽然有一天，我接到老师的电话，说女儿肚子疼得厉害，让我赶快去学校。我放下手头的工作飞速赶到学校时，看到女儿躺在学校医务室的床上，蜷缩着瘦小的身体，双手捂着肚子，脸色苍白。

我飞奔过去，抱起女儿着急地问道："宝贝，怎么了？妈妈来了！不怕不怕！"女儿没有说话，趴在我的怀里低声抽泣起来。我问了一下校医，校医说现在也不知道是什么问题，让我带女儿去医院检查一下，因为孩子看起来疼得很厉害。接下来，我带着女儿去医院进行了各种检查，却没有检查出什么问题。大家猜测也许是吃了什么不干净的东西，或在外面玩时肚子着凉了吧！应该是不要紧的。果然，第二天女儿肚子就不疼了。

可是，随后的两个星期，女儿在学校经常会肚子疼，食欲也非常不好，有时一餐几乎就不吃什么，连最喜欢的零食都不想吃。原来女儿每天早上起床是不用人叫的，自己都会起床整理好，蹦蹦跳跳地去学校，现在却不愿起床，也不愿上学。

只要家里人稍微说话大声一点，或关心她，让她吃饭或上学时，她就会莫名其妙地哭起来。几次去医院检查无果后，一个医生的话提醒了我："你家孩子是不是抑郁症啊？要不，你带孩子去看看心理医生吧！"那时的我还没有从事心理工作，所以对于抑郁症的认知几乎为零。于是，我抱着试试看的心态找到了一位资深的心理医生，结果可想而知，心理医生经过测试后诊断为轻度抑郁。

原来，肚子疼，食欲下降，情绪低落，闷闷不乐，无精打采，对所有事情都不感兴趣，莫名其妙地哭，这些都是抑郁的症状。我当时的第一反应是不相信:"怎么会呢?这么小的孩子怎么会抑郁?姥姥、姥爷对她的照顾比我做的还要好啊!"

经过心理医生的解释我才明白,女儿抑郁的诱发原因是搬家和转学两件应激性生活事件。应激性生活事件在少儿期和青少年时期是比较常见的引发抑郁的原因之一。好在女儿的抑郁程度比较轻,并不需要服药或进行心理疏导,只要我们做家长的能够给予孩子更多的关注、帮助和陪伴,她会渐渐自我疗愈的。于是,根据心理医生的指导,我制订了一系列的疗愈计划,并且马上开始实施起来。经过一个半月的努力,女儿完全走出了抑郁的阴影,又成了那个快乐、自信、阳光的小女孩。

如今,我已经是一个专业的心理咨询师,我经历过的儿童抑郁个案在200人以上。儿童和青少年抑郁症的发病率逐年上升,发病年龄也越来越小,7~18岁成为抑郁症的高发期。下面结合我的专业和我的真实经历,和各位家长们分享一下:孩子抑郁的原因有哪些?如何防止孩子抑郁?

一、孩子抑郁的三个原因

1. 家庭原因

父母离婚、吵架;父母严厉惩罚、过度干涉和保护;母亲有抑郁史;此外,家境贫寒的青少年患抑郁的概率高。

2. 人际因素

人际关系的好与坏主要表现为孩子是否能够在社会群体中感受到自我价值。其中,对同学关系的感受、喜欢或厌恶老师两项的影响力更大一些。人际交往是孩子自我肯定和自我塑造的路径,尤其是性格敏感、情绪化的孩子更是如此。长期处于不受欢迎的人际环境里,或者突然换了新环境,极易促使孩子出现抑郁情绪,如果家长发现不及时或者处理不当,极易导致孩子患上抑郁症。

3. 应激性生活事件

生活和学习中所遇到的压力,即各种应激性生活事件,例如,健康状况的变化和生活环境的突然转变。有研究表明,身体健康水平低下的儿童容易产生抑郁及焦虑的情绪问题,生活环境的突然转变也容易引起儿童和青少年抑郁的发生。另外,住院也容易引发抑郁,原因是住院扰乱了孩子正常的学习和生活秩序,孩子受到挫折或限制,与熟悉的环境分离而产生自卑感,变得不知所措、焦虑不安、孤立、对他人敏感等。

二、防止孩子抑郁的5个方法

1. 家长要对儿童和青少年抑郁症有正确的认知

抑郁已经不再是成年人的问题。现代社会,许多成人的疾病出现在了年幼的孩子身上。有些家长认为孩子很小,所以很难将孩子与抑郁症联系到一起。实际上,儿童和青少年患抑郁症已经不是什么新鲜事儿了。

2. 给予孩子足够的爱、关注和陪伴

很多父母忙于工作,就像当年的我一样,觉得只要孩子吃好、穿好、有好学校和好老师就可以了,所以把孩子托付给姥姥、奶奶、保姆。可是我们却忽略了,她们不能代替亲生父母给予孩子爱和安

全感的满足。因此，孩子会不自信、自卑、逃避，从而引发抑郁。我在女儿抑郁时，调整了工作时间，把更多的时间放在她身上。比如，我尽量每天早上送她上学，在路上我们聊一些她在学校里的事儿。周末，我会带女儿去爬山、打球或逛公园，同时让女儿精神放松并能开心地表达自己的需求。

3. 帮助孩子建立自信、乐观的心态

悲观的孩子患抑郁的概率高，他们往往会陷入习得性无助的死循环，觉得自己做什么都不行，没有人喜欢自己，甚至认为自己一无是处。所以，帮助孩子建立自信、乐观的心态是避免抑郁非常重要的方法。比如我的女儿学过画画，我就鼓励她毛遂自荐，负责班级的黑板报。结果，几期做下来后，女儿得到老师和同学们的赞扬，甚至其他班级的同学和老师也来参观学习。黑板报得到了认可和赞美，女儿更自信，更乐观了。

4. 让孩子多交朋友，生活在大集体的环境中

人际交往是孩子找到认同感、归属感的一种方式。比如我女儿因为搬家和转学，失去了原来的朋友和同学。在新的环境下，她不能快速地融入，导致有被孤立、被排斥的感觉。发现这个问题后，我带着女儿参加社区举办的儿童书画大赛，在大赛上，她认识了几个楼上楼下的小伙伴。在学校，我教会女儿先和同桌、前后桌建立友谊，请同学来家里吃饭或一起做活动，这样孩子们就会建立起自己的小朋友圈，找到认同感和归属感。

5. 教会孩子各种生活技能

有些时候，孩子陷入抑郁与性格、环境等无关，而只与技能缺

乏有关。也就是说,很多孩子只是不了解如何解决面临的问题,并因此而长期遭受挫折。父母发现孩子陷入困境时,就必须挺身而出,帮助孩子一起寻找有效的解决方案。

比如,我女儿抑郁时不愿上学,我先是帮她请了几天假,带她到处吃喝玩乐,让她尽情地放松。在假期最后一天,我们在一个游乐场吃汉堡时,女儿的情绪有些低落。我问道:"宝贝,刚刚玩得开心吗?"

"妈妈,挺开心的!"

"那妈妈看到宝贝好像有点不开心啊?"

"妈妈,我能不去上学吗?我不喜欢这个学校!"

"为什么呢,宝贝?"

"我们班同学不喜欢我,我也不喜欢他们!"

"宝贝,是不是哪个坏蛋欺负你了?告诉妈妈,有妈妈在!"

"班里有一个男生总是推我、撞我,我也不敢还手,所以就偷偷地哭,被那个男生看到后,他就给我起了个外号'哭吧精'。妈妈,多丢人啊!"

哦,原来是这样,我明白了女儿为什么不愿上学了。我说:"宝贝,如果妈妈教你一招,让他再也不敢欺负你,你要不要学呀?"

"真的吗?妈妈,我要怎么做呢?"

"宝贝,你去学校,先观察一下,这个男生有没有朋友,回来告诉妈妈,好吗?"

"好,妈妈,我明天就去学校。"到这里,女儿已经不再抗拒去学校了,反而充满了期待和好奇。第二天放学,我去接女儿,回家的路上,女儿迫不及待地说:"妈妈,他没有什么朋友,一整天他都是一个人,没有同学和他玩。"

"好的,宝贝,你明天再去了解一下他的学习怎么样。"

"妈妈,我怎么能知道他学习怎么样啊?我刚转学过来呀!"

"宝贝,你和同桌或你的前后桌熟悉了没有啊?"

"不太熟。"

"那么,宝贝,明天你带些好吃的,妈妈再给你一些零花钱。你可以在中午吃完饭(学校统一就餐),约上他们一起吃零食,或者去买点你们喜欢的东西分享一下,然后找机会问一下。"

第二天,女儿带着任务兴致勃勃地去了学校。就这样,几天下来,女儿不但和周围的同学越来越熟,而且打听到那个男生的学习成绩不是很好。最重要的是女儿因为有了朋友,那个男生再推她时,她的几个朋友便一拥而上地帮助女儿,他再也不敢欺负女儿了。

之后,我又教会女儿找机会帮助那个男生补习功课,于是男生成了女儿的小跟班。这个过程就是教会女儿如何处理人际关系,这是一种必备技能。除此之外,我还教会女儿做板报,帮老师组织活动等,有了这些技能,女儿越来越自信,越来越喜欢上学了。

所以,父母要做到以下两点。

第一,为孩子创造丰富多彩的活动,培养孩子的爱好。

让孩子参加各种活动,培养爱好,可以开阔孩子的视野,锻炼孩子的各种能力,同时使孩子更加开朗、自信。有了自己喜欢做的事情,孩子在遇到问题或情绪不好时就能转移注意力,减少抑郁的可能性。

第二，父母要学会倾听，不要一味指责、否定孩子，不要忽略孩子的求助信号。

学会倾听是父母的必备技能。要学会从孩子的话语中领会孩子的真实需求，而不是一味地指责、否定孩子。例如："你怎么那么笨啊？这点小事你都做不好呀？""你看看人家！""我就说你不行吧？""没有什么大不了的！"这样的话语会让孩子自卑、恐惧，失去安全感，容易导致抑郁。

作者：宁欣，亲子公众号"养育进行时"创始人，新浪微博、今日头条、抖音、小红书博主@靠谱麦兜妈。擅长帮助"上班太累、下班太晚"的职场爸妈们策划亲子活动，组织亲子游，为上万个家庭提供吃喝玩乐学一条龙公益服务。

假期如何带娃旅行

孩子渐渐长大，精力越来越旺盛，求知欲也越来越强，需要外出"见世面"的时间多起来。很多跟我一样的职场爸妈，有着带娃和工作的双重重任，只能利用假期带孩子到不同的地方走走看看。我的公众号后台，每到节假日，就会出现很多留言：周边亲子游去哪儿好，怎么做攻略等。

一、如何带孩子做快乐且可执行的假期计划

假期如何带孩子旅行，是很多父母头疼的问题。其实，旅游和

所有亲子活动一样，追求的是高质量陪伴。哪怕只是换一个城市度过一个周末，也能让我们大人自己短暂抛却烦恼，从烦琐的家务、紧张的工作中脱离出来，感受更多生活的乐趣，收获满满的幸福。

周末也能安排快乐旅行？没错！下面看看我们家周末如何玩。

我家在合肥，距离南京只有45分钟的高铁车程。我们经常会因为一场儿童剧或者南京博物院的一个特展而安排一次周末南京游。我比较注意让孩子参与到行程规划中，并且慢慢培养他制订行程计划的能力。

有一次，南京博物院举办特展"世界巨匠——意大利文艺复兴三杰"。我问小麦兜："还记不记得我们一起学过的假日博物馆里介绍的达·芬奇、米开朗琪罗，还有拉斐尔呀？"

小麦兜眼睛一亮："记得记得，蒙娜丽莎的神秘微笑！"

我竖起大拇指："答对了！想不想了解这几位大师更多的作品呀？还可以自己动手再造大师的作品哟！"

小麦兜很兴奋："妈妈，我们是要去卢浮宫吗？"

我摇了摇头："我们现在去不了卢浮宫，但是我们可以去南京博物院，那里有一个特别好看的展览，就是关于三位大师的。你来安排一下我们的周末行程好吗？比如，我们几点起床，几点出发。"

我知道规划行程对于当时五六岁的孩子来说是超纲题，不过，几点起床这样的时间安排还是没有问题的。因为有了参与感，小麦兜对这次旅行特别期待，主动和我一起复习了网课，还和我交流他特别想在现场看到哪几幅画。回来后，他对于这次特展的印象也格外深刻。

二、小长假、寒暑假旅行全攻略

1. 出行工具的选择

小长假、寒暑假时可以带孩子出个远门，但有些家长会纠结带孩子旅行坐哪些交通工具更合适。总体来说，出行以便捷和舒适为主，高铁和飞机是首选。如果孩子比较小，行李多，而且路程不太长，自驾也可以。

孩子们的好奇心和探索欲都很强，坐车时看到新鲜事物会有很多感受，也会不停地向大人提问。我们一家人去新加坡旅游时，小麦兜只有2岁多，但就是这么小的孩子，坐上出租车的时候也能发现司机坐的位置跟我们国内出租车司机坐的位置不同。这个时候，爸爸顺便引导他观察不同的国家和地区道路上车辆行驶规则是不同的，有些是靠右行，有些是靠左行。

2. 旅行目的地选择

孩子6岁以内，我选择目的地的原则是交通方便、亲子设施完善、国家／地区安全稳定。

一到节假日，热门景点都是人山人海的。我个人不爱往人多的地方跑，因为工作限制，我们家一年两次长途旅行不得已都是安排在春节和暑假，而这两个时间段注定了国内游去哪里人都多。因此，目的地的选择对于我来说就特别重要。在做这个分享之前，我征集了育儿群里妈妈们的意见，她们想去的目的地跟我一样，都是带娃能玩得开心、自己也不会太累的地方。

带娃出行，不能盲目扫景点，可能"度假"更合适。在孩子3

岁以内的很多次旅行中,他印象最深的就是住酒店,确实,住得舒服,孩子和大人都会很开心。比如,国内外有名的亲子度假村、海边沙滩酒店等。

3. 带娃旅途中的那些事

出门在外,舟车劳顿,作息打乱,身体容易出现不适,别说小孩子,大人也经常会出现一些突发情况。我们带小麦兜出门旅游,碰到的事情也不少,最多见的就是饮食过量导致的呕吐。

在外能量消耗大,一顿两顿稍微多吃多喝一点倒没什么问题,但是连续几天肠胃负担过重,孩子容易出现积食,会有呕吐、低热的现象出现。遇到这种情况后,家长首先要冷静,一项项排查原因,缩减游玩行程,多休养。

有时候大人身体也会有这样或那样的不适,因此在外旅行还要保持相对充足的睡眠和健康规律的饮食。

年龄小的孩子掉链子的情况还有很多,有因为旅途劳累而哭闹的,有因为种种不明情况而产生急躁情绪的,这些都需要大人耐心地对待,控制好自己的情绪,不然只会越来越糟。

4. 带娃旅行的收获

低龄孩子旅行的记忆也许不会太多,但外界对他的影响却是潜移默化的。旅行中,我们会看到更广阔的世界,接触到不同的自然环境、社会文化和当地各种各样的人,这些对孩子的适应能力、社交和性格培养等都有很大的帮助。

在东澳地中海度假村,儿童俱乐部的姐姐邀请当时3岁的小麦兜参加舞台表演,小麦兜害羞地拒绝了。没想到半年之后,在桂林

Club Med（法国度假品牌）的儿童才艺秀，小麦兜做出了让我非常意外的举动，他主动举手要求上台表演，于是作为第一个演出者他跟着主持人哥哥学跳舞，听不懂英语也不怯场，还对着话筒大声做自我介绍，赢得了全场的掌声。

世界卫生组织有一个研究证实，平均每天和爸爸相处 2 小时，孩子的智商和情商都会提高。亲子旅游就是全身心 24 小时黏在一起的陪伴，也给了爸爸妈妈们高质量陪伴孩子的好机会。

三、带娃出行前的准备工作

"工欲善其事，必先利其器。"我给大家一些行李收纳的小贴士。

每次整理行李之前，我会列个清单。提前几天开始写，仅仅罗列清单，后面的几天有空就拿出来看看，想想有没有遗漏的。

（1）箱包类：行李箱、单肩包、双肩包。

（2）衣物类：应季衣服、内衣裤、袜子、浴巾/浴袍（一般我会按照出行天数+1 计算娃该带的衣物套数，准备几个空收纳袋作为脏衣袋，出门在外，总有衣服、袜子来不及洗的时候）。

（3）鞋子类：平底鞋、运动鞋、拖鞋。

（4）洗护类：洗护品、化妆品、牙刷、毛巾（洗护用品和备用药品我会用可以立起来的收纳袋装好。坐飞机如果不托运，选择随身携带的话，记得用 100mL 以下小瓶分装好，或者直接带 100mL 以下瓶的旅行装。最好是用防水收纳袋，防止出现瓶盖没盖好，整个包遭殃的情况）。

（5）饰品类：帽子、围巾、太阳镜。

（6）电子设备类：相机、iPad、充电宝、数据线（数码设备和各种充电宝数据线可以收在小包里，安检时拿出小包即可，整齐又省事。温馨提示：充电宝不可托运）。

（7）证件类：身份证、护照。

"伸（身份证件）手（手机）要（钥匙）钱（钱包）"四样是最重要的，千万不能漏。出门前一定要检查一遍。

回忆起来，即使娃小时候出门行李收起来很费事，整个行李箱几乎塞满娃的东西，我们还是义无反顾地带着小麦兜四处游玩。

"读万卷书，行万里路"，我们一个都不能落下！

作者：祝超，微信公众号@宝贝这么学。博士毕业于西安交通大学物理系，博士后出站于西北工业大学材料科学与工程博士后流动站。现任某互联网公司业务总监，从事科研服务的相关工作。根据多年的经验，研发并主讲了在线课程英文科技论文写作训练营，在腾讯课堂等平台好评率达100%。擅长育儿领域话题写作，原创育儿方面的文章300余篇。

如何和孩子讲道理

小草莓从很小的时候就喜欢和家长去逛超市。那时候，她已经有了自己的主意。在超市里看到琳琅满目的零食，她会说："爸爸，我想要吃这个巧克力。"在水果区，她会说："妈妈，我想要买这个大西瓜。"

小孩子对于一切都觉得很新奇，对于喜欢的零食、水果不懂得克制。所以，小草莓每次去超市都会提出不少的购物要求。

小草莓的爷爷奶奶比较爱孩子，只要是她提出的要求，基本上都有求必应。偶尔遇到爷爷奶奶不满足孩子要求的情况，孩子就开始各种表演：先是哭，再是闹，直到大人举手投降，才肯作罢。

问题是买回家的零食和水果孩子也不一定吃，经常放到过期或变质。我意识到需要和小草莓好好沟通一下，讲一讲道理。一方面，小孩子不应该任性地要求买食品；另一方面，不应该浪费。

一、换位思考：引导孩子说出真实的想法

小草莓4岁多的时候，有一次我带她去超市购物，她在水果区看中了牛油果便要买。我没有同意，她就开始不高兴。

好在我没有预设立场，一上来就和小草莓大讲浪费的道理。我用换位思考的方式猜测小草莓是怎么想的："她是看到别的小朋友刚才买了牛油果，所以也想跟着买吗？还是她第一次注意到这种我们家没有买过的水果，出于好奇想要尝一尝？抑或是她和爷爷奶奶一起吃过，觉得味道很好，很喜欢吃？"

于是，我把我的猜想都说了出来，并且告诉小草莓："如果你有别的原因或者道理，也可以告诉我。我会根据你说的情况和你商量要不要买牛油果。"

小草莓考虑了一会儿，有点不好意思地说："我没有见过这个，想尝一尝。"

我思考了一下，告诉她我的担心："这种水果很贵，如果你回家尝了一口，发现它不好吃，怎么办呢？"

小草莓不假思索地说："不好吃就不要了。"

我回答她："刚才我给你解释了，这个水果很贵，如果吃一点

就不要了,多可惜啊!这是一种浪费,也是不好的行为。"

小草莓接着说:"那我保证吃完。"

我说:"我听说牛油果的味道有点奇怪,有些人不喜欢吃。如果你回家尝了之后确实不喜欢,我也不能强迫你必须吃完。我来想个办法吧,我们就只买一个。你先尝一尝,如果好吃,我们可以再来买;如果你不喜欢吃,我和妈妈把剩下的吃掉。"

小草莓愉快地接受了我的建议。我也很高兴,因为我没有因为一时冲动限制了孩子对未知世界的主动探索。

在我们准备离开的时候,刚好碰到另外一家人路过,他们家的小姑娘也要买牛油果。

家长显然不想买,于是说出了很多理由。比如:"人家今天不卖了。""那个东西不能吃。"小姑娘年纪比较小,听了这些就不闹了。

小草莓还疑惑地问我:"为什么那个阿姨说牛油果不卖了?"

我只能告诉她:"阿姨说了假话,没有不卖。"

和孩子讲道理,就应该换位思考,去想想孩子可能需要的是什么:孩子要的是具体的水果,还是对未知世界的探索?想过这些问题之后,你可以和孩子真诚地沟通一下,告诉孩子你愿意买或者不愿意买的真实原因。沟通是否"真诚"是不难判断的。其标准就在于家长是否愿意和孩子进一步讨论。家长说"不卖了",也许孩子会说那把牛油果换成山竹;家长说"孩子可能会浪费",孩子可能会保证绝对不浪费。

如果孩子"真诚"地解决了家长提出的问题,那么家长就不应该继续坚持了。否则,家长就并不是真的在和孩子商量,而是早就做好了决定,只是找了一个借口糊弄孩子,甚至在孩子提出解决方案后恼羞成怒:"不买了,什么都不买了,这个孩子怎么这么不听话!"

二、制定规则:有预案,好执行

瑞·达利欧在《原则》一书里提出了一项很重要的原则,即投资之前,我们要设想各种可能出现的情况,从而在事情真的发生时能做出理性的应对。

德鲁克在《卓有成效的管理者》一书里建议管理者遇到一个问题时,要去思考它是不是一个经常出现的问题。如果是,那么应该有一套行之有效的应对方案,而不是每次遇到这个问题都去想该如何处理。那么,父母和孩子相处的时候,应该有些简明的、可操作的原则。

我和小草莓在超市买牛油果的问题其实可以归纳为:孩子在外出购物时,临时性地提出购买要求,家长是否要满足?

这个问题,其实家长在出门之前就要想好答案,而不是当孩子提出时才去思考。

所以,后来我再和小草莓去超市之前,就会和小草莓一起列出购物清单,明确我们要买什么;还会制定购买预算,防止不确定的购物超支。

我会事先和小草莓说好,如果最后牛油果导致超支了,那么这次就不能买;如果没有超支,就不能拒绝她要买健康水果的要求。

如果制定好了规则,孩子临时不愿意执行怎么办呢?我会这样处理:

（1）对待孩子的态度一开始一定是和蔼的、亲切的。

（2）如果孩子不讲道理，可以表现得强硬一些。

（3）只要孩子愿意冷静下来好好对话，就可以和孩子好好沟通和交流。

（4）上面的行为模式，孩子会慢慢熟悉，会知道要多讲道理，乱发脾气是没有用的。

如果孩子通过哭闹就可以不遵守我们制定的规则，那么孩子的脾气肯定会越来越大。终有一天，当孩子的要求我们无法满足时，双方关系很容易崩裂。

我和小草莓在沟通时，会先保证自己的态度是亲切的。如果小草莓表现出转变，从闹脾气到愿意好好说话，我会及时予以响应。此时，家长不能还继续沉溺于生气的情绪里，这样孩子会觉得自己努力改进了却徒劳无功，会感到无所适从。

三、一视同仁：大人也应该遵守规则

牛油果的故事还没有讲完。带着一个牛油果结了账，小草莓握着它，和我一起回家。

回家的路上，我们遇到了小草莓的朋友——丸子弟弟。丸子弟弟看到小草莓手上的牛油果，也想要。我和小草莓说："丸子弟弟想要，你是姐姐，就让着他，给他吧，我再给你买。"

小草莓满脸的不乐意。丸子的妈妈给丸子手里塞了一包零食，赶紧把他带走了，于是这个珍贵的牛油果保住了。

然后，我们又遇到了小草莓的朋友——喵喵姐姐。喵喵姐姐

也没有见过这个水果,问了小草莓一些关于这个水果的问题,也起了好奇心,问小草莓:"你能不能把这个牛油果给我?"我就帮腔说:"喵喵姐姐平时经常给你那么多好吃的,这次你把牛油果让给她吧?"小草莓还是不乐意,好在喵喵姐姐很大方,看出来了小草莓的不舍,说:"我和你开玩笑的,我不要,你拿回去吧。"

经历了这两场风波,小草莓赶紧让我把牛油果放起来,不敢拿在手里了。回到家之后,小草莓问我了一个问题:"你说丸子弟弟比我小,我应该让着他。可是我也比喵喵姐姐小啊,为什么还要让我把牛油果给她?"我一时竟不知如何回答。小草莓的话是对的。我不应该在两次相遇里用两套不同的标准来要求她,并且结果都是让她"吃亏"。这两种情况下都是我在当好人,让她"吃亏"。

想通了这些,我赶紧给小草莓道歉:"我想了想你说的话,你说得对,是我做得不对。我不应该让你既让着弟弟,又让着姐姐。"接着我还解释了一下:"我当时真的是在想,如果你把牛油果给了他们,我把你送回家后就立刻去给你买个新的牛油果。我不会强迫你把自己喜欢的东西给别人的。"

听到我的道歉,小草莓笑了,还用大人的口吻说:"下次可不要这样啦!"我们很快就聊起别的事情了。

和孩子讲道理是一个系统工程,需要在家长和孩子的头脑里构建出一套"讲道理"的操作系统,这不是一朝一夕就能完成的。家长和孩子应该互相理解对方,体谅对方,一起制定规则,一起执行。

作者：刘伟，历史学本科，曾任国企人力资源师和培训师，擅长人员沟通管理，尤其是亲子沟通，后辞职创业，目前从事睡眠健康养生行业。育有一个女儿，5岁多。

如何有效地称赞孩子

赏识教育逐渐被"80后""90后"父母接纳，父母开始有意识地在语言上对孩子进行赞扬或鼓励。父母的称赞是对孩子言行的反馈，并不是父母情绪的一种表达。

如果你一直很不吝惜称赞孩子，却发现孩子并没有更优秀，更乐意和你沟通，可以听听我的故事，回想一下你的称赞方式是否需要改进。

一、要称赞具体的事情

有一段时间，冉冉很迷恋拼图，从拼 50 片到拼 100 片，到现在拼 200 片，可以一直坐着拼一两个小时。

一天，她独立完成了一幅 100 片的拼图，兴奋地跑过去叫爸爸看，爸爸看了一眼，说："宝贝，你真棒！"然后继续做他的事情了。

冉冉的热情像被踩了个急刹车，就这么戛然而止了。

事后，我对冉冉爸爸说："你那天表扬冉冉的方式是不对的。"

他一脸错愕："不是说要鼓励吗？哪里不对？"

我提示冉冉爸爸："回想一下我们谈恋爱的时候，是不是特别喜欢问对方一句：'你到底喜欢我什么？'"

通常对方会说："我觉得你哪儿都好，我都喜欢。"

听到这样的话，其实内心是有些失望的，于是会继续追问："你倒是说说看，都有哪些呀？"言下之意是等着对方夸奖出具体的内容，比如长得漂亮、聪明、有能力、善解人意等。

这样的心理需求放在小孩子身上也一样，父母需要夸具体的事情。把"宝贝，你真棒！"这样笼统的一句话换成"宝贝这次能独立完成 100 片拼图，比上次进步多啦！"，效果会好很多。孩子会明白，这次被夸奖是因为能够独立完成 100 片拼图。

如果再用心地问一句："宝贝，你这次是用了什么方法完成拼图的呢？爸爸非常好奇，你怎么进步这么快呢？"

这就是一个很好的提问，给孩子一个展示自己思路的过程。一方面，孩子可以动脑回忆刚才是如何完成的；另一方面，孩子需要组织语言,把这个过程表达出来。这既是鼓励,也是一次锻炼语言表达能力的机会。

二、要称赞,也要会引导

大部分的家庭会遇到"隔辈亲"这个情况。我婆婆看冉冉的时候,都是两眼"放光",时不时地夸:"我孙孙真漂亮!我孙孙真聪明!"因为经常听到这样的话,以至于有段时间小家伙总是为自己的聪明、漂亮,扬扬得意。有一次我教她握笔,还没等我示范完握笔姿势,她便一把抢过去说:"知道了,知道了,我会。"

我好奇地问:"没人教过你,你怎么就会了呢?"

她说:"因为我聪明啊,天生就会!"

我心想:完了!孩子被过度夸赞,导致不能虚心学习新的事物。于是我把冉冉叫过来问:"宝贝,你是不是觉得自己很聪明?"

她确定地点点头:"嗯!"

我接着问:"你觉得妈妈聪明吗?"

她又点头:"嗯!"

"你觉得妈妈聪明,但妈妈也不是什么都会。比如,妈妈小时候不会拿笔,也不会写字,还有妈妈现在能熟练操作电脑,其实以前妈妈不会。"

"那你现在怎么会的呢?"

"因为妈妈会学习啊。在学校里跟老师学习,回家后跟外公外婆学习,日复一日地坚持练习。聪明,并不代表什么都会,而是让我们可以更快地学习知识。"

"我也很聪明,那我学什么都学得很快。"

"对的,宝贝,那妈妈现在教你怎么握笔,专心学,肯定很快就能学会。"

就这样,冉冉开始很认真地看我示范怎么握笔。

或许你会疑问,为什么不去直接和婆婆沟通呢,让她以后注意称赞的方式,不是更彻底吗?事实上,沟通过,但她有固有的言行习惯,并不能立刻就注意到一些词语间的微妙之处。

我们与其抱怨,等待老人改变,倒不如帮助孩子正确认识外在的评价,这些评价的真实意义是什么,哪些应该认真听取,哪些可以自行尝试。

不要认为孩子小听不懂,我们要学会把他们当作大人一样沟通,往往孩子们的理解能力、观察能力总会给我们带来惊喜。

三、不要因为攀比赞错了孩子

"你去啊,元姐姐叫你玩,你怎么不去?你看姐姐性格多好,哪像你!"说话间一根指头戳到了孩子脑门上。

"你说话呀,哥哥跟你说话你怎么不搭理人,你看哥哥那么能说会道的!"又一个白眼丢过来……

在这样的环境里,孩子心里总是充满一股怨气:"别人都能就我不能,不能就不能呗,我就缩在我的小世界里不挺好吗?你们谁都别来烦我!"于是外表越来越顺从,内心却越来越抗拒。

而这个人,不是别人,正是儿时的我。因为深刻地体会过自己的需求不被理解,我会很刻意地保护冉冉远离那些比较和被比较的声音，毕竟认清自己才是最重要的。听着这些声音长大的孩子，就像照着镜子看到的不是自己一样，一会儿看到了同学 A，一会儿看到了邻居 B，渐渐地忘了自己长什么样。

冉冉有两个小姐妹，从小在一起玩，三个孩子中年龄最大的姐姐因为幼儿园经常教一些汉字、数字的内容，常常会在一起玩的时候带着炫耀的口气出题考问两个妹妹："你们知道××字怎么写吗？"两个妹妹摇摇头，姐姐更得意了："我就知道你们什么都不会。只有我会。"这就导致两个小家伙常常有挫败感，觉得怎么姐姐什么都会，自己什么都不会。

我就宽慰两个小姐妹："没关系的，姐姐只是因为学校老师教了才会的，你们还没学呢，等老师教，你们也会。"我还鼓励她们去和姐姐谈判："要玩大家都会的游戏，不能只玩一个人会的游戏，不公平！"这样她们还能从自己熟练的游戏里找回自信。

孩子之间会形成攀比，大人之间也会常常拿孩子做比较。

有一次，冉冉同学的奶奶在孩子面前和我说："你们家冉冉性格真是好，又独立又大方，哪像我们家这个胆小又不懂事。"

我当时能体会到冉冉有一丝尴尬，她同学不明所以地看了冉冉一眼，那小眼神似乎在说："咦，我们怎么成了竞争关系了？"

我接着很有礼貌地回复了这位奶奶："冉冉天生性格确实比较野，胆子大，加上喜欢当姐姐，所以很享受可以照顾人的感受。不过我听冉冉说童童昨天画画被老师表扬了呀。"接着，我的目光转向童童说："你是不是很喜欢画画呀？老师怎么表扬你的？"孩子眼里瞬间有了光，跟我说了起来。不一会儿，两个小家伙就手拉手地跑远了。我也算及时化解了一场不必要的攀比。

其实，对于大人来说，不要总盯着别人家孩子哪里好，有时间不如花点心思关注一下自家孩子有什么特长，有什么爱好，未来的他会感恩你当年那么懂他，并且保护他不被外界的声音干扰，坚定地做自己。

作者：洪晶，微博博主@二花漫活记，新浪微博认证头条文章作者。毕业于华中师范大学日语系，曾在国内知名日企担任日语同声传译。业余爱好写作，擅长亲子，尤其是母婴话题的创作。

教育孩子，"动口"不如"动手"

漫漫2岁了。我回归职场已经一年多，平时主要是奶奶带她。

每天下班后，奶奶都会向我"汇报"一天的"带娃成果"。有时是欣喜地汇报，比如，吃午饭时很乖，吃了一大碗；有时是无奈地"痛诉"，比如，在外面抢小朋友玩具了，到了时间不肯睡午觉。

一、想要阻止孩子做什么，行动胜过说"不"

这天我下班回到家，在门口换拖鞋时，奶奶就迎上来大声说："漫漫真的越来越不听话了，怎么说都不肯听，吼都不管用。"

我赶紧问:"怎么啦?"

奶奶指着电视前看得入迷的漫漫说:"她非要站在电视正前面,我让她离远点,她怎么也不听。"

我走到漫漫身边,轻声说:"漫漫,离电视太近,眼睛会坏掉的,我们离远一点,坐到沙发上去。"

漫漫被《小猪佩奇》的故事深深吸引,头也不回,没有做出任何反应。

奶奶在一旁补充:"你再这样继续下去,以后眼睛近视了,要戴眼镜,又麻烦,又不好看!"

漫漫依旧不肯从电视前离开。

奶奶气鼓鼓地指着漫漫对我说:"喏,就是这个样子,说破嘴皮她都当没听见。"

我想了想,走到电视旁,把手放在电源插头处,对入迷的漫漫说:"如果你不坐到沙发上,我就把电视关掉。"

漫漫跳起来,大声喊:"不要!不要!"但她还是没有往后退,反而往我身边黏过来,试图通过哭喊阻止我的动作。

我说:"妈妈数1,2,3,你要是不坐到沙发上,我就关了它。"

漫漫不为所动,继续哼哼着耍赖皮。

我数完1,2,3,便拔掉电视电源。漫漫哭起来,大喊:"打开!我要看《小猪佩奇》!"

我用双手扶住漫漫的肩膀,看着漫漫的眼睛,认真地说:"以后如果你看电视的时候离得太近,我们就把电视关掉。"

于是漫漫乖乖地坐到沙发上。

我对奶奶说:"以后每次都这样,只要她离得太近,你就关掉电视。不用吼,也别和她啰唆。多试几次,绝对有效。"

过了几天,奶奶反馈说:"漫漫果然学乖了,每天只要到了看电视的时间,她就会坐到沙发上。"

我笑着说:"嘴皮子说破了都没用的,我们用行动让她养成习惯。"

为什么这么说呢?

一方面,两三岁的小孩子,理解能力是有限的。近视是什么意思?近视了以后有什么后果?戴眼镜为什么又麻烦又不好看?这些都是小孩子无法理解也无从想象的。即使这种道理说一万遍,吼得再大声,小孩子都是听不进去的。

另一方面,小孩子的注意力是有限的。在小孩子沉迷于某项事物中时和他说话,开始的几句他可能还能听进去,到后面,你就算重复一百遍,他也可能根本没有听见。

因此,当我们希望孩子停止某个不良行为的时候,应该做的是坚定自己要做的,而不是去要求孩子做什么。比如,当孩子不好好吃饭,我们的处理方案可以是:"你可以不吃,但是在下一餐之前,你不可以吃任何零食。"再如,当孩子在路上吵着不坐安全座椅的时候,我们的处理方案可以是:"我现在把车停到路边,等到你愿意坐安全座椅的时候,我们再出发。"

只要能够温柔而坚定地彻底执行,在教育孩子的时候,家长做出的具体行动,会比反复的口头说教更有用。

二、想要引导孩子做什么，身教大于言传

漫漫1岁半左右的时候，有一天我回家后，奶奶羡慕地对我说："今天去隔壁邻居家玩，他家孩子也还不到2岁，就特别懂礼貌。我给他递个东西，他马上说'谢谢奶奶！'；他妈妈帮他扣衣服扣子，他都开口说'谢谢妈妈！'。"奶奶伸出手戳戳怀里漫漫的头，有点恨铁不成钢地说："我家这个，到现在还不会开口说'谢谢！'"

从那之后，常听到奶奶对着漫漫教："别人帮了你，你要说谢谢呀！要做个有礼貌的小宝宝！"

自然，小漫漫还不明白礼貌是什么意思。每次在奶奶提醒后，她知道要开口跟着重复说一遍"谢谢"。但是，她始终没有成为一个懂得主动说"谢谢"的有礼貌的小宝宝。

正在为此苦恼的时候，我在网上看到一张图片。图片中，一位妈妈正在地铁上看书，而她的孩子坐在她身上，也举起一本绘本阅读。图片的配文是："你是怎样劝说你的孩子去阅读，而不是玩各种电子设备的呢？"

"孩子不听我们的，他们模仿我们。"

是啊，孩子是在模仿大人的行为呢。仔细回想一下，例子有很多。

爷爷爱干净，每天回家后，都要在门口的地垫上仔细蹭掉鞋上的灰才进门。漫漫有样学样，刚学会走路的时候，每次进门前都要踩着小鞋子努力蹭蹭。

漫漫爸爸有个习惯，每次锁好车门后，都会用手拉一拉车把手，以确认是否关好。有一次漫漫闹着要玩车钥匙，车发出上锁提示音后，

她马上要求爸爸把她抱起来,原来她要自己伸手去拉车把手。这些事情,我们都没有刻意去教过她。但她每天耳濡目染,早在不知不觉中铭于心,践于行。这就是模仿的神奇力量啊!

想明白这一点,让漫漫做个乖宝宝这件事的行动策略变得很简单。整个家变成一个天底下最文明的礼貌场:奶奶帮爷爷拿了筷子,爷爷赶紧对奶奶说"谢谢";妈妈手中拎着包,爸爸马上说"我来帮你吧"。

不到半个月,漫漫成功变身为一个"谢谢"不离口、热情主动帮助他人的礼貌小宝宝。

为人父母,总觉得自己身负对孩子谆谆教诲的义务,又常有一份拳拳之心,恨不得将全天下的道理都说给孩子听,让他早明道理,少走弯路。因此,父母常常会忍不住反复说教,恨不得说破嘴皮子。但其实,很多时候,教育孩子,"动口"不如"动手","做"比"说"更重要。

作者：陈红梅，微博心理博主@May的心灵空间。福建师范大学发展与教育心理学研究生，曾任福州某中学心理健康老师3年，国家二级心理咨询师，擅长亲子关系、青少年成长、情绪障碍等领域。现居加拿大温哥华，育有三个女儿。2020年，大女儿以优异的成绩被加拿大排名前三的不列颠哥伦比亚大学录取，并获得多项奖学金。

无条件接纳，做孩子成长的安全基地

第一次接触到"无条件接纳"这个理念，是在十几年前读到的一本书《6A的力量》，其中的一个例子深深触动了我：有一次，他买了一些冰激凌票送给儿子棒球队的教练，教练很高兴他作为家长的参与和支持，并说赢球后会带队员们去吃冰激凌。可他却特意强调，让教练在输球的时候带孩子们去吃冰激凌，让他们知道不管赢不赢球，他们都是被人爱的。

我们从小受到的教育是：做得好可以得到奖励，做得不好要受到惩罚。而他的做法却是在孩子们做得不好时,仍旧可以感受到被接纳、被爱。一个人做得不好时,不用担心被批评、被排斥、被抛弃,那么他会觉得安全、放松,就可以安心地去完善自己。当然,无条件接纳是接纳孩子这个人,而不是全盘接纳孩子的问题行为;遇到问题时,先接纳孩子整个人,再去想办法帮助、支持孩子去改变,去解决问题。

一、接纳孩子,从不指责开始

有一次,女儿在音乐课上写其他学科的作业,被老师批评了。女儿很生气,便在音乐书上写老师的坏话,又被老师批评了。于是,老师通知我,要求好好教育孩子。女儿回到家后,因为怕父母指责,躲在卫生间里,最后还是一起回家的同学告诉了我事情的经过。

上音乐课不认真听,写其他学科的作业是不对的;写老师的坏话,就更不对了;还要请家长,更是让我没面子。要是以前的我,一定会狠狠地批评她、训斥她。

彼时,我已经学习了无条件接纳的理念,所以我没有指责她,而是认真听她讲原因:原来她想早一点写完作业,可以去跳绳,于是,老师叫其他同学把她的作业擦掉,她气不过,所以才写老师的坏话。事后,我再跟她交流这件事,她也认识到上课写其他学科的作业不对、讲老师的坏话不好,以后不会再这么做了。在这件事上,我无条件地接纳孩子,孩子有很强的安全感,她就很容易改正错误的行为。

二、深度接纳，一起解决问题

有一次，她读二年级的时候，作文考得不错，便美滋滋地跟我分享。我对她的情绪感同身受，说："不管你考了多少分，妈妈都会爱你。"她马上挑衅般地问："那我考不及格，也没关系？"我回答："我仍然会爱你，但我也会跟你一起解决作文写不好的问题。"她不再说话，若有所思。

我用这个回答说明了我会爱她这个人，但对于问题，我可以一起和她解决。所以，不管孩子表现得好或坏，我们都要无条件接纳。同时，我们都要跟他们并肩协作，共同解决问题。

我在学校做心理老师期间，曾经遇到过一位家长的咨询：她的孩子在上二年级，之前生过一次病，于是孩子总担心自己会得艾滋病、白血病、癌症。这两天有点感冒，孩子又开始担心了。父母觉得孩子的情绪很夸张："小感冒怎么就跟绝症扯上关系了呢？"并一再向孩子解释，小孩不会得绝症。昨晚，孩子看到电脑上有"癌症"两字，又开始焦虑。看医生时，母亲让医生将医学知识解释给孩子听，可孩子的疑虑还是没有消除。

在我和家长的交流中，她想到孩子说的一句话："白血病是不是要花很多钱？要几十万元吧！"他们家是做生意的，天天和钱打交道，对钱比较看重。为了培养孩子的良好行为，父母经常会说这样的话："你不听话，你表现不好，我们就不爱你了。"

在孩子的认知里，类似白血病、癌症等重症是要花很多钱的，而他要是得了重症，要花几十万元，父母把钱看得这么重，他们会愿意出这些钱吗？对这个问题答案的不确定，引发了他内心的不安全感，从而表现为他对绝症的恐惧。

另外，父母在平常的教育中表现出典型的有条件接纳：父母的爱只有在孩子听话、表现好的时候才会给予，而当孩子没有表现出父母需要的特质或行为时，父母就会将爱撤回。于是，孩子潜意识里就会担心，当他不好时（得绝症），父母是否会全力地照顾他、爱他。

了解了孩子恐惧、担心情绪的来源，我便和这位妈妈分享了无条件接纳的理念，即无论孩子表现得好或坏，无论发生什么，父母都会无条件地爱他、支持他。妈妈听完后，对无条件接纳非常有感触，也觉察到了自己的言行给孩子带来的影响。

她回家后，马上告诉孩子，不管发生什么，父母都会义无反顾地照顾他、支持他。同时，她也改正了自己的言行，不让孩子觉得若自己表现不好就得不到父母的爱。两周后，她反馈，孩子不再焦虑了。无条件接纳缓解了孩子的恐惧与焦虑情绪，并且可以让孩子安心地快乐成长。

有些人可能会认为，父母无条件爱孩子等于宠溺孩子，孩子就会对自己的不良行为感到无所谓，变得蛮横无理、我行我素。这样的想法只能说是对人性的不了解，因为人在没有干扰和阻碍的情况下，天生就是积极向上，朝好的方向发展的。

父母的无条件接纳会让孩子觉得安全、放松，可以消除担心、焦虑的情绪，更好地发展自己。

作者：尹梓，微博博主@医生妈妈在美国，头条号"人类幼崽观察员"，访问量达百万人次。毕业于陆军军医大学（原第三军医大学）临床系，曾任陆军军医大学附属新桥医院神经外科医生，香港中文大学附属威尔士亲王医院脑肿瘤研究员。现居美国，经营自媒体，拥有大量原创育儿博文及亲子视频。

孩子开口说话晚，怎么鼓励他开口

儿子胖达满1岁半时，还不会说话，我有点心急。老公搬出书本来安慰我："这有什么呀，你看，书上都说了，开口晚可能和遗传有关，我小时候就很晚才说话，这说明孩子像我。"老公又说："书上还说了，据统计，男孩比女孩说话晚，运动能力强的孩子说话晚，双母语宝宝开口晚。"

虽然这些都是事实，但是胖达确实每条都中了：男孩、好运动、中英双语环境……开口说话晚真的不怪他。但这些都宽慰不了我，我总感觉自己做得不够。看了些相关资料后，我才发现自己踩了很多坑，走了一些弯路。

后来胖达终于开口，说了他人生的第一个单词：again（又，再）。我也摸索、总结出几条经验："四要"和"四不要"。如果你家孩子也开口晚，或者不愿意开口说话，家长们不妨试试我的方法，鼓励他开口。

一、做到"四要"，让输入更加多样化

家长们都知道，从孩子出生开始就要多跟宝宝说话，多指物认物，多输入。但很多家长，比如我，已经尽最大努力和孩子说话了，孩子还是不开口，那么我们就要来点新鲜感，让输入多样化。

1. 要多用疑问句，自问自答

早先我确实做到了多说话，但我每天说的都是平淡的陈述句。比如，"现在我们来穿衣服""妈妈正在给你削苹果"等。这些对白不能激发胖达的语言兴趣。后来我把陈述句一律改为疑问句。比如，把"今晚我们吃西蓝花"改成"今晚我们吃什么呀？吃西蓝花还是胡萝卜？"再加上自问自答："你想吃西蓝花，对吗？好的，我们就吃西蓝花，这个决定真不错！"

2. 要稍微提高音调

研究证明，绝大多数婴儿和幼童都喜欢高音调，这可能也是女性比男性音调高的原因。统计数据也证实，很多人在当了父母之后，跟婴儿说话时，音调会不自觉地提高。

所以，父母在跟孩子说话时，可以稍微提高音调，这样更能引

起孩子的注意，让孩子感觉开心。另外，大家细想，疑问句的音调通常比陈述句高。当然，也有个别孩子就是喜欢低音调，我们还是要根据孩子的具体情况来调整音调。

3. 唱歌

最开始我很少唱歌，一是害羞，二是害怕自己唱得不好，"启蒙"出一个没有音乐细胞的孩子。后来我发现，无论我唱什么，哪怕就是哼个旋律，胖达也很喜欢。而且他说的第一个词again（又，再）居然就来自英文儿歌 *The Eensy Weensy Spider*（《可爱的小蜘蛛》）里的最后一句："The eensy weensy spider climbed up the spout again."（小蜘蛛又爬上了水管。）后来我在书里也找到了佐证：小孩子根本不在乎家长唱得有没有走调，他们就是单纯地喜欢韵律。

书上建议，如果家长不擅长或者不喜欢儿歌，那么请尽情唱自己喜欢的歌。无论是流行音乐，还是摇滚乐，都可以唱给孩子听。当你唱自己喜欢的歌，自己开心时，孩子也会感受到你的情绪，和你一起开心。

4. 要大声读出来

大家都知道，读绘本对孩子的语言发展有极大的帮助。但其实并不仅限于读绘本，只要是大声阅读，都会对孩子的词汇积累有益。你看的任何书，哪怕是小说、新闻、菜谱，都可以跟孩子分享，念给他们听。总之，你在看啥，就读啥。有的爸爸带娃，娃在边上玩，爸爸坐在一边刷手机，那么，不管是什么内容，请大声念出来！

二、杜绝"四不要",鼓励宝宝开口

1. 不要抢走孩子的回答机会

之前我每次自问自答时,都一股脑地把问题和答案说完,胖达在旁边一脸蒙。这样做是不对的,我抢走了孩子的回答机会。我们需要留白。每说完一个问题,都停顿一小会儿,给孩子留足时间之后再回答。

有的孩子还不会说话,有的孩子是不爱开口,总之,孩子对家长的问题没有回应,这种情况既常见又无奈。但请家长不要灰心,要坚持问下去。总有一天,你会在留白期间,惊喜地听见孩子的回复。

2. 不要错过孩子对问题的反应

我平时喜欢一边做家务一边跟胖达说话,这虽然比闷头做事不说话好,但容易把注意力放在家务上,忘记关注胖达对问题的反应。现在我是这样做的:说完问题之后,留白,停一会儿,同时停一下手上的事,观察胖达的反应。

比如,我问:"你想不想出去玩呀?"然后看向胖达,无论他有任何反应,比如歪头、眼神看向窗外、点头、咧嘴笑、挥舞小肉手等,无论什么动作都算数,都当成他的回应。"你果然想出去玩呀,很不错!那我们把袜子、鞋子穿好就出去。胖达的袜子在哪里呀?"这种关注就是对孩子的极大鼓励,鼓励他开口回应你。

关注孩子的反应,不仅能及时跟进话题,更是对孩子表达你在关注他。他感受到了你的关注,未来就会更愿意开口表达。

3. 不要急着纠正孩子的发音错误

胖达刚开始说话时,总是发一些含混的音,说一些半截的词。

这种状态在幼童身上很常见，也会持续很长一段时间。在小区公园散步时，我发现很多妈妈很有耐心，孩子一有发音含糊的地方，就立马严肃纠正。家长们的出发点是好的，为了让孩子从小培养正确的发音。但是我们一定要注意方法，不要让孩子害怕开口。我们需要做的就是鼓励，同时重复正确的发音。比如，胖达指着香蕉说 ba，我们不要说"你说得不对哟，香蕉不是 ba，应该是 banana"，而应说"你说得对！这是 banana。你是不是想吃 banana？好的，妈妈给你一个 banana"。

4. 不要只关注名词

绝大多数孩子最早说的词都是名词，所以给孩子指认各种日用品、水果、家具等是家长最常用的方法。但对于开口晚的宝宝，我们需要用一些特殊的方法，用更丰富多彩的事物来引起孩子的兴趣，引导孩子说话。

多列举反义词事物就是个好办法。反义词产生的强烈对比，可以充分调动孩子的视觉、触觉，更容易引起孩子的兴趣，从而进一步引导孩子说话。用游戏的方式，和孩子一起摸摸这个，看看那个。同时，我们要做到：记得提问，记得留白，记得关注孩子的反应，记得自己回答。

在家里，我们可以快速准备很多反义词事物。例如：

冷—热，让孩子摸一摸杯子里的冰水，再摸一摸温水。

上—下，把孩子举高高，再放回到地面；把一个球放在高柜上，另一个球放在地面上。

空—满，洗澡的时候，把小杯子装满水，再倒空。

站—坐,拉着孩子的手站在一起,再和孩子一起坐下。

干—湿,准备一条干毛巾,用它来擦水,之后干毛巾就变成湿毛巾了。

大—小,准备一个大球和一个小球,然后放在一起比较。

…… ……

每个孩子都是独特的存在,有自己的节奏来发展人生的各项能力。作为家长,我们不要焦虑,而是要提供良好的成长环境,静待花开。

> 作者：卞集，微博博主@海淀大美女。
> 北京海淀区小学一线数学教师、班主任。
> 具有全学段小学数学教学经验，关注学生
> 的个性成长与思维培养，课堂风趣幽默，
> 与家长真诚相待，备受肯定。从企业到讲台，
> 从计算机到统计学，同时擅长钢琴、大提琴，
> 丰富的经历让她的教育教学得心应手。

对孩子的及时反馈比反复要求更重要

小文今年 7 岁，上小学一年级。小文妈妈工作特别忙，无法每天抽出时间陪伴孩子学习，只能给孩子布置作业。小文在家写作业时经常边写边玩，拖拖拉拉。趁家长不注意时，小文还会玩电子游戏或看动画片。

发现这个情况后，小文妈妈经常和他讲道理，讲完之后第一天，小文写作业特别认真，但之后又管不住自己，磨磨蹭蹭。妈妈下班回来发现他还在拖拉，难免发脾气。这时候，小文会向妈妈哭，小

文一哭妈妈就心软，一切又回到了原点。

一、家长的及时反馈

小文妈妈很苦恼，就向我求助，询问有没有什么好办法解决孩子做作业拖拖拉拉的问题。

我先和孩子妈妈解释，孩子处于这个年龄段，行为习惯的养成就是反反复复的过程。所以，孩子需要家长的引导、监督和帮助，才能养成良好的习惯。这是很正常的情况，无须过度焦虑。

我问小文妈妈："每天和小文沟通的时候，有没有和他反馈这一天的表现呢？哪里表现得好？哪些地方还能改进？"

小文妈妈说："这倒没有。"

因此，我建议她每天陪伴孩子学习时，要留出一点时间对孩子的表现进行反馈。

可以在以下几个方面进行反馈：坐姿是否端正，书写是否工整，准确率是否提高，注意力是否集中，做题速度是否加快，等等。

孩子小，时间也有限，不必面面俱到地反馈。反馈一两点，最多三点，这样孩子也记得住，知道自己努力的方向。刚开始，可以集中某一点，从最想让孩子改进的地方或最想让孩子养成的习惯入手。

比如，小文妈妈就希望孩子能够专心写作业，而不是边写边玩。那么，写完作业后，妈妈就可以和孩子反馈："你今天特别专心，效率特别高，20分钟就把平时1小时的作业写完了，真厉害！妈妈相信你明天也能这么专注。"

"今天你在写作业的时候,还会玩橡皮,妈妈提醒了你3次,比之前提醒的次数少了,有进步,给你点赞。"

除了语言上和孩子进行反馈,还可以通过文字、图片来记录。比如,有的家长把孩子的作品在微信朋友圈展示,将获得的赞和评论与孩子分享,这样也能鼓励孩子,激发孩子的自主性。

反馈要及时抓住孩子的闪光点。比如,一天,小文和妈妈晚上8点多才回到家,妈妈问他还看古诗书吗,本来以为孩子很累,会说不看,没想到小文说要看。小文妈妈立即对他说:"孩子,你真棒!这么累还能坚持学习,妈妈都做不到呢!妈妈要向你学习!"没想到的是,孩子听到妈妈的夸赞,瞪大眼睛,又惊讶又高兴。一个小小的反馈,能及时调整孩子的情绪,做正确的引导。此时,孩子的积极情绪又会影响妈妈,本来很疲惫的妈妈看到积极向上的孩子,她的情绪会得到很好的调整。

经过一段时间的坚持,小文逐渐意识到自己写作业拖拉,不如抓紧时间完成当天的任务,之后就可以开心地玩了。

二、老师的积极反馈

小文妈妈在和孩子及时反馈的过程中,也注意同我这位老师保持沟通。

"老师,我用了你告诉我的方法,用沙漏帮助孩子计时,特别管用。"

"老师,和孩子一起制定目标,孩子特别高兴,完成作业也更主动了。"

…… ……

在和老师的沟通中，一是可以借助老师的经验，调整自己对孩子的教育方式；二是可以让老师觉得付出值得。这样一来，老师也会更发自内心地愿意与她沟通，为她出谋划策，一起帮助孩子进步。

通过与孩子坚持反馈，孩子边写作业边玩的问题已经大有改观。但又有了新问题，小文妈妈同我说，孩子不太愿意写英语的自主作业。因为我是数学老师，所以给出的建议是家长把写的自主作业发给英语老师，再同孩子交流老师的反馈，让老师的表扬化作孩子学习的动力。

所以，家长可以提前和英语老师沟通，让英语老师多了解孩子的情况。希望英语老师能多表扬孩子。孩子获得学习上的成就感，就会增强自信心。

大约两周后，小文妈妈和我反馈，在孩子自主作业的批改交流反馈中，英语老师经常表扬孩子：

"小文很棒，读得越来越有语感了！"

"作业写得太棒啦，继续加油！"

"小文真棒，现在是班里打卡最多的同学！"

"读的时候不要着急，已经读得很棒啦！慢慢来，看准了词再读，已经非常棒啦！"

小文听到老师的表扬后非常开心，越来越愿意学习英语，小文妈妈也不再发愁小文的英语作业了。

三、孩子的自我反馈

除了从家长、老师的角度对孩子的表现进行反馈，我们还可以逐渐引导孩子进行自我反馈，也就是总结与反思。

比如，每周可以问问孩子："想一想你这一周在学校的表现，你觉得哪些地方表现得特别好，哪些地方还有不足？""老师在哪些地方表扬你了？有哪些地方提醒你需要改正？"

也可以从更细节的地方引导孩子："你认为课上发言自己有没有进步？""你的书写比之前进步了，你觉得呢？"

除了语言上的反思、交流，还可以帮助孩子养成记录成长日记的习惯，把家长帮助孩子总结的进步、老师反馈的表扬、孩子自我反思的优点等记录下来。"今天我自己主动预习了语文课文。""今天特别积极主动地发言了，老师表扬了我。""我数字8写得很漂亮。"

孩子坚持记录点滴进步，家长不断鼓励孩子克服困难，为成为更好的自己而努力。需要注意的是，反馈的目的是发现问题，解决问题。比如，孩子做作业拖拉，我们要看是不是作业过多了，如果过多，要调整适中的数量。如果不是，就要考虑题目对于孩子是否过难，难的原因是什么，是因为题目超纲，还是对知识的不理解，抑或识字量不够等问题。具体问题具体分析，而不是一味地对孩子提要求而不帮助孩子解决困难。

这样，在反馈中，孩子明白了自己的优势，获得了成就感，建立了自信，就能不断取得进步。

作者：糜亚乒，微博情感/家庭教育博主@温暖导师亚乒。中科院心理研究所EAP硕士，国家二级心理咨询师、二级婚姻家庭咨询师。擅长情感/婚姻咨询及青春期孩子心理疏导，指导个人及家庭超过1000人次。

善于发现孩子的美好，孩子会越来越美好

很多家长都知道要懂得欣赏和信任孩子，但还是有一些困惑：欣赏和信任对孩子有什么好处吗？欣赏和信任孩子，具体应该怎样做呢？

背景：曾经的阳光男孩，为何变得冷漠而心存戒备？

在从事家庭教育近十年的经历中，有一个案例让我记忆深刻。

阿达是个初二的男生，长得眉清目秀，长长的头发从额前垂下来遮住一边眼睛。他的表现非常独特，就是爱笑——可是他的笑，让我们的工作人员都觉得"毛骨悚然"!

在训练营的任何环境、任何时候,阿达都在笑:老师在台上讲课,他在笑;大家做集体活动,他在笑;别的孩子做分享,他在笑……无论这个环境是开心的、严肃的、温暖的、感动的还是难过的,他都在笑;就算你跟他沟通,他也没有任何的互动和反馈,只是一副不变的笑脸。

他的笑是冷漠的、心存戒备的,就像是一副面具,把他保护在足够远的距离之外。多年的教育经验告诉我,这是一个曾经受过伤害的孩子。那一刻,我很心疼他。

为了找到问题的根源,我专门对阿达的父母进行了家庭咨询。这是一个比较和睦的家庭,父母相处融洽,很少争吵。孩子在成长中没有离开过父母,从小到大几乎没被打骂过。所以,阿达从小就聪明热情、活泼开朗,在小学三年级以前的照片里,我看到的都是一个笑容像阳光一样灿烂的孩子。

但在三年级时,发生了一件事。那一次,阿达因为顽皮被班主任惩罚,班主任让他单独搬张桌子,坐在老师讲台下面。不知道因为什么,这一坐,就是四年。

罚孩子单独一个人坐在老师讲台下面的那张桌子上,对孩子的影响是什么呢?更听话、更老实,不会开小差,不会调皮捣蛋?有可能。但是,对大多数人来说,看到一个单独坐在前面的孩子,会觉得这是一个优秀的、值得大家学习的好学生吗?还是会认为这是一个犯了错误的、调皮捣蛋的差生?无论是在老师、同学,还是在这个孩子自己的心里,大概会认为这是一个差生。所以,不难想象:阿达从三年级开始，每天去上学，就要做好准备，被同学用歧视的眼光、嘲笑的话语来对待；常常要做好准备，被老师用严厉的、挑剔的眼光盯着，用不信任的态度对待。

无论有意或无意，这对阿达来说都是真真切切的伤害，他会觉得所有人的眼光、态度和言行都在暗示他是一个调皮捣蛋的差生。所以，看似很小的一个惩罚行为，其实对孩子内心造成了他人难以体会和预料到的伤害！

所以，他的长发就是一块"遮羞布"，他的微笑就是一副盔甲，他用这样的方式来保护自己，其实是在告诉所有人："我没事啊！我没有受到你们的伤害，我不痛啊！我无所谓啊！"

而这一切的结果就是阿达越来越不愿意上学，不愿意和同学玩耍，不配合班上的工作，留长发，不穿校服，不做课间操，不做作业，不参加学校活动，越来越成为令老师头痛的学生，父母也拿他没有办法。初二暑期，阿达被父母送来参加我的青少年素质训练营的时候，他在期末考试中作弊并和老师发生了冲突。

综合以上分析，阿达被环境和他人伤害，逐渐导致他开始自我否定，并因此对身边的人产生怀疑和抗拒。

如果想要帮助阿达走出来，核心就是"缺什么补什么"，所以我的方案是大量地给孩子补充营养——信任和欣赏。

一、信任是建立关系的基础，也是让孩子自信的根源

很多家长不信任孩子，总以孩子曾经的失败为依据，导致不管什么事情，孩子还没做，就认为孩子不行。

而孩子却是信任父母、老师的,当父母等对孩子有影响力的成年人传递出"你不值得信任"的看法和态度时,孩子同样会报以"相信"——时间长了,孩子就会变得真的"不值得信任"了,慢慢地,孩子就变得不自信了。

我组织训练营的所有教练集中学习,分析阿达的成长经历和心态成因,我要求教练们"从内心里相信孩子,站在他的角度去认同他"。

一天,阿达和训练营的小伙伴们一起完成一个团队的挑战项目,结果失败。孩子们都很难过地坐在地上,而阿达则独自坐在一边低着头不说话。我带着孩子们走过去围在阿达身边,拉起阿达的手。他抬起头,依然是一脸满不在乎的微笑,但是眼睛并不看着我。

我看着阿达的眼睛,对他说:"阿达,我看到你刚才很努力,所以我相信你心里其实是想和团队一起完成这个挑战的,你很想做好,对吗?"他依然笑着没有说话,只是很快地看了我一眼。

我继续说:"我相信,你那么想要做好,所以现在你的心里其实比谁都要难受。"阿达很明显地愣了一下,很快地低了一下头,又抬起头来看着我。那一刻,我能明显地感觉到他的眼神已经跟刚才不一样了。

我用力地握了握他的手,坚定地对他说:"阿达,我绝对相信,只要你愿意,你下次一定可以比这次做得更好!"我转过头,看着围在身边的其他孩子,大声问道:"你们相信阿达吗?"孩子们异口同声地回答:"相信!"

阿达愣愣地看着我和身边的小伙伴,脸上那副别扭的笑容早已不见了。

"阿达，你看你做到了，我相信你！"

"阿达，没做好，没关系！我相信你心里是想做好的！"

"阿达，我相信你已经努力了！"

"阿达，我知道，没做好的时候，你其实心里很难受的。"

"阿达，我相信，只要你愿意，下一次你一定可以做得更好！"

…………

阿达在训练营里越来越自信，和我们也越来越亲近，在生活中也变得不一样了。开学后，父母帮阿达换了一所学校，他从一开始从不穿校服、从不下楼做课间操、不跟班上同学交流，到主动要求剪掉长发，每天穿校服上学，还主动报名参加学校运动会，甚至还参加了学校元旦晚会的独唱节目。

为期五个月的训练营结束时，他顺利通过训练营的所有考核，还获得了"杰出小领袖"的荣誉。第二年暑期，阿达经过选拔，成功担任了新一期青少年素质训练营的小教练，成为很多孩子喜欢的榜样。

二、欣赏是善于发现孩子的美好，并及时地表达

从外在表现来说，对孩子的信任就是表达对孩子的欣赏和认同。

首先，欣赏需要一双善于发现美好的眼睛。

因为长期生活在否定和自我否定中，阿达从不认为自己有什么优秀或值得肯定之处。所以，要让他学会欣赏自己，需要真正发掘孩子身上的优秀和独特之处，而不是敷衍浅显地夸赞"你真棒"。

阿达刚到训练营时，不说话，不参加活动，不管课堂上干什么，他都只是在一旁默默看着。但是在小组总结时，教练特别强调说："你们发现了吗？虽然今天阿达没有参加活动，但是他从不干扰别人，特别好地维护了今天的课堂秩序。"听到这里，阿达都愣了，他可能从来没想到，不参加活动的自己居然也有值得肯定的地方。

训练课堂上，教练要求每个孩子在大白纸上用彩笔描绘自己的理想。阿达没有理想，因为平时喜欢睡懒觉，就临时画了一个"床垫体验师"的想法交给教练。他很尴尬，以为会被大家笑话。

没想到教练大加赞许："阿达，你的想法很有创意啊！一方面，你结合了自己的喜好（说到这里，所有人都善意地哄堂大笑，阿达也忍不住笑了起来）；另一方面，如果你的这个梦想实现，你就能把舒服的感觉分享给更多的人，这是一个多么让人向往的梦想呀！"那一刻，我真真切切地看到阿达的眼睛里闪着光。这就是欣赏，能让我们看见孩子的独特之处。

其次，欣赏需要善于发现细节，并及时地表达。

训练营是集体生活的场所，需要孩子们自己照顾自己的生活起居，有些习惯了父母照顾的孩子就会手忙脚乱，洗漱不净，衣服满是褶皱，甚至偷懒不刷牙。而阿达特别讲卫生，每天都是干干净净的，教练就特别地指出来，并且让其他的孩子们向阿达学习。

教练为阿达做家访时，看到他的床边放着一副腹肌训练器，发现上面并没有存灰尘，很干净，这说明阿达经常使用它来锻炼身体。于是在和阿达全家座谈时，教练专门表扬他能够自觉地锻炼身体，难怪身材棒棒的！这就是欣赏，让我们通过细微之处看见孩子的美好。

最后，欣赏需要全方位地营造氛围。

我们要求孩子的父母配合训练营的方向，在家庭中每天至少找到孩子两个做得好的地方或进步的地方给予肯定和欣赏。特别是父亲，在五个多月里坚持每周都抽出时间陪伴孩子运动。在父子一起跑步、打球时，父亲经常有意识地欣赏阿达："你比爸爸的体力好多啦！你打的球我根本接不住啊！你什么时候这么厉害的？"

我们专门到阿达的学校跟老师沟通，邀请老师们一起加入欣赏孩子的队伍中。阿达的英语老师特别认同我们的做法，她在课堂上经常微笑地看着阿达的眼睛，课堂提问时用信任的眼神询问他。阿达感受到老师的关注和欣赏，越来越喜欢上英语课，英语成绩也从开学的倒数到学期末进入班级中等水平。高中毕业时，阿达申请出国，顺利通过了雅思。

三、欣赏的关键是少表扬，多鼓励

德韦克说："鼓励，即夸奖孩子努力用功，会给孩子一个可以自己掌控的感觉。孩子会认为，成功与否掌握在他们自己手中。反之，表扬，即夸奖孩子聪明，就等于告诉他们成功不是因为自己的努力。这样，他们面对失败时往往束手无策。"

因为表扬讲的是结果，鼓励关注的是过程。而家长在教育孩子时，往往表扬孩子的结果，而忽略了鼓励孩子努力的过程。

特别是当孩子取得了一个好的结果后，家长的表扬会和孩子的人品和人格相挂钩，比如"你真聪明""你特别优秀""你真是个好孩子""你真积极""你是个大方的孩子""你真是个孝顺的孩子"等,这些评价容易造成孩子的想赢怕输心态,因为孩子会想:"一旦我没做好,我就配不上父母给的那些评价。"久而久之,孩子在压力和困难面前就容易逃避和放弃。

所以,欣赏的关键是"少表扬,多鼓励"。学会鼓励就是关注孩子做事情的过程,指出过程中做得好的地方,才能强化孩子对努力的关注。

回到阿达画梦想的那一次,当他把床垫体验师的图画交上来,自己都觉得不好意思时,教练表达了他的梦想很独特之后,很认真地跟阿达说了一段话:"阿达,虽然你没有理想,一开始你完全不知道该画什么,但是你既没有抵触也没有放弃,一直在很努力地思考。从你根据自己的爱好完成了这次的课堂项目,我看得出来你不是随随便便地敷衍,你的用心很让人感动!"

虽然英语老师一直鼓励他,但阿达因为英语基础比较差,在很长时间里都不敢在课堂上回答问题。教练在家访时看到他的床头贴了很多记单词的小纸条,使劲地抱了一下他:"阿达,学习压力那么大,你还能够回家来加倍努力,真让人感动!教练太为你骄傲啦!"教练还把他写的小纸条拍下来,发在自己的微信朋友圈,让更多的人看到他的努力。

所以,欣赏和信任是一种能力,是一种让父母成长、让孩子优秀的能力。我们要善于发现孩子的美好,那么孩子必然会越来越美好!

> 作者：微博博主@慢跑的乐姐，爱跑步的高级营养师。从事天然动植物提取物国际贸易19年，多次负责业内重点项目。毕业于四川大学工商管理学院，擅长营养、运动和亲子关系三大块，在各网络平台写原创文章超8年，访问量突破千万人次。

陪孩子打怪兽，练就抗挫"护身符"

又是一年春暖花开，女儿润已经11岁了，小学生活也接近尾声，原以为漫长的时光会像电影画面一样从眼前一一掠过，但印象最深的故事仍然会浮现出来。

一、拒绝闲言碎语，家长要先管理情绪

四年级时，润所在的班级，语文、数学和英语三门主科老师全部换新。这变化本身没什么特别，但对于润来说却很特别：润在三

年级期末时，因为找到合适的学习方法，再加上得到老师的认可，整个学习状态非常好，可谓学劲十足，学习成绩名列前茅，被老师当着全班同学和家长的面大肆表扬。

这曾经是好事，然而好景不长，没过多久，润便察觉到明显的变化：新老师对她爱搭不理，同学似乎也没以前友善。润第一次跟我提起的时候，我认为很正常，安抚她说每个老师的风格不同，有变化实属正常，让她自己调整，逐步适应。

谁料情况越来越糟，我们慢慢发现：润没以前开朗了，话也越来越少，不爱分享班上的事，偶然被问到也不耐烦。我从其他家长那儿也听到"某润没啥了不起""不就是她妈妈跟以前老师关系好"之类的风言风语。

某个黄昏，吃完晚饭的润呆坐在书桌前，沮丧地耷拉着脑袋，一声不吭，一动不动，一副不想做作业的样子。

这种情况，我已经观察了很久，觉得是时候正面处理了。于是我走过去，跟她聊起来。原来，当天下午，润被老师莫名其妙地训斥了一顿，在学校已经很难过，回家仍然沮丧，但又不好意思告诉我们。

我至今仍清楚记得当时的情景，我快气炸了，但我反复提醒自己：冷静！冷静！

面对负面情绪，抱怨是最容易、最廉价的处理方式，也最不利于解决问题。

孩子做错事被批评并不稀奇，家长也反对护短的教育方式。但其中一个关键的分水岭在于，看批评是就事论事，还是借题发挥。孩子做错事在所难免，就事论事，认真改过，吸取教训后不重蹈覆辙就好，但如果是反复被恶意中伤、栽赃抹黑，甚至自信心受到打击的时候，家长就不能再坐视不理。

这件事让润难过了一段时间，但是抱怨有用吗？但凡家有学生的家长，或多或少都会遇到类似的情况。

我努力克制自己的愤怒，耐着性子分析起来：

"你觉得老师和同学说得对吗？"

"你伤心是因为他们的态度，还是因为你自己没做好？"

"你觉得怎么办才能改变现状？"

……………

母女俩聊了很久，最终在以下几个方面达成一致：

（1）如果在新老师课上学不好，反而恰恰证明闲言碎语没说错，授人以柄的事不干！

（2）自四年级以来，润确实没以前踏实努力，学习退步，自己没做好才让别人有话可说，的确该反省！

（3）既然已经发现了问题，那就面对现实，改正错误，用行动向恶意中伤者说"不"！

我还跟润分享了俄罗斯总统普京的一句经典名言："没有实力的愤怒毫无意义。"所以，我鼓励她收起哀怨可怜的小情绪，用实际行动反击流言蜚语。

二、反击流言蜚语，从生活中学习挫折教育

这是漫长的过程，润一步步往前走，我一点点见证她的成长。

这之后，每次进步，她很开心，但不骄傲。终于，功夫不负有心人，四年级期末，润重新名列前茅，并一直保持至今。

我很欣慰，不是因为她取得的分数与名次，而是因为润现在最大的收获就是对表扬和批评都保持淡定，不那么在乎。得到表扬，高兴之余一笑了之，接着该干什么就干什么；受到批评，有则改之，无则加勉。生活中难免会有难登大雅之堂的流言蜚语，你站在阳光下不把它当回事，久而久之它就烟消云散了。

现实生活给她的教训，比老师、家长的苦口婆心都管用得多。

回忆整个过程，行之有效的解决方案主要有以下几点。

1. 面对现实，和女儿客观地寻找、罗列不足之处

这点最难，所以排到第一项。因为你首先要尽可能客观地描述弱点的具体表现，并进一步推断背后的深层原因。比如，光说"动作慢"没用，你得找到背后的真正原因，到底是因为行动能力不足，还是因为心理上抵触，还是别的原因。

2. 闭上"评论家"的嘴，着重解决 1~2 个核心问题

大部分父母到这步已经被气得咬牙切齿了，怎么办？憋着！孩子如实告诉你真实情况和想法，请记住不要在这个时候当裁判，如果劈头盖脸地一顿训斥，孩子以后还会跟你说真话吗？

3. 陪伴

让孩子知道她进步的时候父母在她身后，她不被尊重、不被理解，甚至被当众羞辱之后，回到家也能得到父母暖心的拥抱。告诉孩子，韩信经历过胯下之辱，朱元璋也当过叫花子，一时落后没什么，我们来看哪些方面没做好，再继续改进。这其中最关键的是给孩子弱小的心灵装个"防火墙",保护她的自信心和好奇心。

4. 阶段性成果值得鼓励,但不是笼统表扬"你真棒",而要鼓励具体行为

比如,"你最近的作业基本在晚上9点前完成,而且准确率也提高了不少",这样孩子既知道哪里做得好,也有动力坚持下去。

5. 取得进步不骄傲

家长和孩子多一些朋友般的平等交流,少一点上级对下级般的训斥,这样孩子的性格通常会更平和些。

陪润经历这些之后,她明显更自信了,成长速度也高于期待,这给我和润爸带来惊喜。我们默默地陪在孩子身边就足够了,要相信孩子,给她时间,她真的会比我们想象中的更能干。

孩子一天天长大,我们能手把手教她的本事越来越少。这件事也让我开始反思:什么东西是真正可以给到她手上,并陪她从小到大一路成长的?

一方面,传统教育与游戏相比,孩子更喜欢后者;另一方面,媒体上层出不穷的负面新闻也让人忍不住质疑,物质生活丰富的新一代为什么看上去弱不禁风?由此可见,挫折教育对孩子的成长有益。

当然,我们能陪伴孩子的时间越来越少,我们终会发现,即使给孩子金山银山,都不如教会他处理人生难题的关键方法,练就一身金刚不坏真本事,打造适合并属于自己的"护身符",这远比父母24小时不间断地跟在身后强100倍!

第 3 章　在家也能做的能力启蒙，
　　　　聪明的孩子教出来

> 父母都希望给孩子最好的教育，本章将从培养孩子的财商、激发孩子的潜能、提高孩子的自信心、激发孩子的自驱力、培养孩子的抽象思维能力、培养孩子的时间观念、培养孩子坚持的品格入手，带你多维度学习。聪明的孩子在家也能教出来。

作者：黄嵩松，微博育儿博主@娴爸说育儿，丁香妈妈签约作家，毕业于江西财经大学计算机系，曾任随手记开发部门经理、产品经理。有11年互联网行业经验，擅长个人财务管理、负债管理、理财投资、少儿财商教育。

如何培养孩子的财商

随着网络支付的普及，现金成了稀有物品。以前去超市，孩子抢着给钱，而现在则变成抢手机扫码。

不过，还有一种东西仍然是孩子们眼中的"硬通货"，那就是一元硬币。现在每家超市门口都摆放的摇摇车，成了这枚硬币的一个去向。

娴娴也是从一元硬币开始，慢慢有了钱的概念。除了摇摇车的币，还有游乐场的币、娃娃机的币。不同的机器，所需数量也不同。

我的邻居荷叶，无论孩子提出什么要求，都会满足。

小小年纪，她就是便利店常客。晚上出来玩，不一会儿，她就跑进去拿冰激凌吃。邻居荷叶就会去给她埋单，有时还请小伙伴们吃。

路过商店，看到有玩具没玩过，她撒泼打滚也要买回家。

今天看到有人玩轮滑，她要玩。

明天流行平衡车，她也要玩。

邻居荷叶花大价钱报班，结果孩子学得都是"半桶水"，上一两次就不去了。

我劝邻居荷叶适当控制孩子的欲望，她说："没办法，孩子喜欢。"

真的没办法吗？这其实就是孩子的财商教育问题。

一、利用硬币，作为财商启蒙的基石

知道玩摇摇车要投币以后，我开始给娴娴进行财商启蒙。

在娴娴3岁生日的时候，我给了她十枚一元硬币和一个存钱罐，作为她的启动资金。我告诉她可以用这十枚硬币去坐摇摇车，或者玩其他游戏。

娴娴收到硬币后第一件事就是让我带她去坐摇摇车。这回，我没有像平常一样拦着她，而是爽快地答应了她。

在她熟练地往摇摇车里塞过两次币后，时间一到，娴娴自己下来，告诉我她不玩了。第一次拥有"资产"后，觉得再玩钱就没有了，产生了储蓄意识。

有出就有入。

我们跟她约定，履行一次好的生活习惯后，会给她一元硬币作为奖励。这是她自己"赚"的,比如自己穿衣、认真吃饭、好好刷牙、自觉洗澡、按时睡觉等。

为了获得奖励,娴娴几乎把她的所有聪明才智都发挥了出来。

以前娴娴吃饭要大人叫好多次,好不容易上桌吃饭,注意力却没有集中在食物上。有硬币作为动力后,娴娴看到饭菜上齐,大人上桌,自己就爬上来吃。

不知不觉中,娴娴养成了一个又一个的好习惯。

二、在家庭内,创造硬币的消费场景

经常能看到一些孩子沉迷短视频、手机游戏的新闻。家长们因此千方百计地想让孩子远离电子产品,而有的家长觉得只要合理引导,孩子可以跟电子产品好好相处,毕竟这个时代已经离不开电子产品。

娴娴2岁多,我给她引入 iPad 作为玩中学的工具,其中包括主打数学和逻辑的蒙台梭利幼儿园和学英语的 Starfall。两个 App 对幼儿都十分友好,内容也丰富有趣。娴娴爱玩,于是我们约定:每次"投币"一元,每天最多投币3次,每次玩20分钟,设好闹钟,时间到自觉关机。由于有摇摇车的基础,娴娴很容易就能适应这种规则。

有段时间,娴娴喜欢不穿鞋子在地上跑。晚上洗澡时一脱袜子,脚掌和脚跟一片黑。我一边洗袜子一边对她说:"你看你的袜子那么黑,能不能自己洗啊?"

娴娴回答:"不想!"

我又问:"为什么啊?"

娴娴说:"因为我洗不干净。"

我一想这也是实话,就说:"那我给你洗一次袜子你给我一元,作为劳动费用,可以吗?"

娴娴说:"可以。"

有一天,她又不穿鞋子在家里跑了一天,我假装生气地说:"你看你袜子又弄脏了,我给你洗袜子很辛苦的。"

娴娴听完就往房间里跑,我有点生气,正准备好好教育她。没想到过了一会儿,她拿了一枚硬币过来,说:"爸爸,给你一元,洗袜子!"

我听到以后,责备的话又吞了回去。

妈妈在旁边哈哈大笑。

后来我才知道,妈妈今天对她这一周表现很满意,一次性奖励了五元。

娴娴肯定是觉得自己非常"富有",才那么大方。

三、控制欲望,让花钱物有所值

广东花市上不仅有鲜花和盆栽,还有各种各样的小鸟、小兔、热带鱼和装饰品。我带娴娴走着走着,看到一群小朋友蹲在一个小摊前面。走近一看,原来是大大小小的玻璃球和透明石头,放在水盆里,在阳光的照耀下五彩斑斓。娴娴凑上去,玩了半天,看其他小朋友买,跟我说她也想要。她一边说一边自己挑起来,放在小贩提供的袋子里。

我对她说:"你喜欢可以,不过这个是要收钱的。小玻璃球是一元一个,大的是两元一个,你要买几个啊?"

娴娴听到后,想了想,居然把袋子里的玻璃球一个一个地拿了出来。开始抓的一把大概有十多个,拿着拿着最后剩下两个。她对我说:"我要买两个。"

我跟她确认:"你确定只要两个吗?"

娴娴点点头,看着玻璃球,说:"两个就是两元,不然要花太多钱了。"

其他孩子把漂亮的玻璃球使劲往袋子里装的时候,娴娴却选择放回去。在她眼里,这两个玻璃球比不上自己平时玩的游戏,也比不上能进入嘴巴里的甜蜜糖果。她能分辨出哪些是自己真的需要,哪些不是。

孩子的新鲜感很短,娴娴把玻璃球带回家后,玩了一次,就再也没有玩过。用两元来满足她小小的欲望,她觉得这样就足够了。

四、培养财商,从小事做起

从会说话开始,孩子在与他人相处的过程中慢慢建立了商业认知。如果觉得孩子还小,就不给孩子财商教育,甚至把一些错误的消费观念传递给孩子,孩子就会认为现在得到的一切都是理所当然的,不会珍惜父母的付出和劳动。

孩子的心智发展还不成熟,如果家长总是满足孩子的每个欲望,那么阈值就会不断提高。欲望总有无法满足的时候,到那时,家长如何处理?

通过一枚小小的硬币,娴娴建立了财商意识。更重要的是,她学会了延迟满足。

孩子对财富的正确认知，要从小开始培养，除此之外，还要让生活成为孩子最好的财商老师。

作者：董鑫，微博博主@小鱼穿云呀，硕士，高级工程师，爱读书，爱思考，立志在玩与乐中发掘孩子的兴趣和潜能，引导孩子按照自己的想法，过好这一生！

如何激发孩子的潜能

小南瓜在3岁的时候，跟小区同龄宝宝一起玩，对方已经能画小鱼、苹果这些简笔画了，可小南瓜连一个圆都画不好。他见了笔和纸，就胡乱画一通。我看了之后，真着急呀！每天我一有时间，便拿出笔和纸，从线条开始教他画。

坚持一个月之后，我发现他并没有太大起色，反而越画越乱。

一、发现、甄别孩子的兴趣

有一天，我带他出去玩，路过钢琴教室，他被玻璃墙幕里弹钢琴的小男孩吸引了，对我说："妈妈，看看。"我们俩一直站着看小男孩弹钢琴，直到琴声终止才回家。

回家之后，他特别兴奋，一边有模有样地模仿弹琴，一边对我说："妈妈，我也要弹琴，给我买钢琴吧。"

第二天，我带着他去钢琴教室，跟老师咨询钢琴课程。老师说孩子太小了，学钢琴要学习打拍子和五线谱，孩子现在加减法还算不好，学起来会很吃力，容易产生厌学情绪；可以先参加钢琴美育课程，学一些基础的乐理知识，让他对学习钢琴产生更浓厚的兴趣，等到孩子4岁，再正式开始学钢琴，效果会更好。

于是，我果断给小南瓜报名了。

此后，我每次送他上课，他都高兴极了，总是问我："妈妈明天还有钢琴课吗？"

孩子对感兴趣的事情才有做下去的动力，不要违背孩子的兴趣，有兴趣的地方就是潜能的所在。违背孩子的兴趣，逼孩子做他不喜欢的事情，结果就是孩子痛苦不堪，家长也很难执行下去。

二、帮孩子制定一个伟大的目标

自从开始接触音乐和钢琴，我就有意识地给他看郎朗的演奏视频。小南瓜喜欢极了，每天一有时间就对我说："妈妈，看一下郎朗。"

我就赶紧给他播放郎朗的演奏视频。郎朗的音乐非常有感染力，演奏时的动作是小南瓜观看的重点。小南瓜经常有模有样地坐在桌子旁，模仿郎朗弹琴的样子，完全沉浸在自己的世界里感受音乐，样子好看极了。

随着小南瓜对郎朗喜爱的逐渐加深,我们一起制定了一个目标,努力成为像郎朗那样的钢琴演奏家。我故意把目标定得很大,给他一个美好的愿景,坚定地告诉他:只要坚持练习,一定能达成目标。

然后我们一起将大的目标分解、细化成一个个小目标。我们约定每天都要练习,这样每天就会进步一点点。我告诉他,我和他一起努力,目标一定能实现。

三、家长的坚持与鼓励是孩子前行的动力

自从小南瓜出生,我便开始有意识地每天让他听英文儿歌,希望通过磨耳朵的方式,让孩子对英文感兴趣。小南瓜也很喜欢听,每次都手舞足蹈地跟着儿歌的节奏,不停摇晃小手。我每天雷打不动地给他讲三本英文绘本。但是直到2岁半,他一个单词都没有说过,中文也才能说两个字。

这时候爸爸着急了,对我说:"咱们孩子可能没有语言天赋,中文说得跟同龄宝宝比也差很多,可能就是因为总听英文儿歌,看英文绘本和视频,才会说话这么差的,以后不要再进行英文启蒙了,先把中文学好了再说。"

我跟他解释,对孩子进行英文的输入,不会影响他说中文。即使有影响,也是暂时的,时间久了,他自然就分清楚了。我们小时候学拼音和字母,一开始会混淆,但时间久了,随着学习的深入,慢慢就区分开了。

此后,我继续每天给孩子进行英文的输入。我相信任何语言的

学习都需要个过程，都需要大量的输入。这个过程可能会很漫长，但是如果中断了，之前的坚持可能就白费了。

于是，我坚持每天跟他说英文，但每次他都小心地、试探地张开嘴，模仿我的口型，但是并不发出声音。我鼓励他说："没关系，大胆地说出来，说错了也没什么，妈妈不会批评你，你大胆发出声音就可以。"但是小南瓜只是模仿我的口型，然后小心翼翼地闭上嘴，这个过程持续了很长时间。

直到有一天早上醒来，小南瓜爬到我身上，撒娇地一遍遍喊："妈妈，妈妈……"

他把小脸贴在我脸上，我对他说："Baby, I love you！"

停了片刻，他突然脱口而出："Baby, I love you。"

小南瓜模仿我，终于说出了一个完整的句子，那一刻我喜极而泣。

之后，我继续对他进行语言启蒙，鼓励他说长一些的句子，一开始，他还非常害羞，跟着我说一句，然后就把头埋进我的怀里。

我鼓励他："你说得非常好，妈妈要表扬你，但是有一个字不太清楚，我相信你再跟妈妈说几遍，一定会说得更好。"

我跟小南瓜沟通的时候，很少说带有负面情绪的话，主要以鼓励为主。在他做错事情，批评他时，我通常采用"三明治"说话方式，即把不好听的话或对他有要求的话，放在中间。一开始肯定他好的方面，中间穿插他做错的地方，最后收尾时说鼓舞的话，让他知道自己好在哪里，把夸奖的、激励的话说在点上。事实证明，这样的沟通方式非常有效。孩子接受的同时，不会产生较强的心理冲击。

有一天，他突然跑过来，拽拽我的衣角，眨巴着眼睛，好像要跟我说什么。我赶紧蹲下来,问他想跟妈妈说什么,他"我……我……我"了半天,小脑瓜在组织语言。

我对他说:"你不要着急,慢慢来,想清楚再慢慢跟妈妈说,好不好?"他点点头,挠挠小脑瓜,然后对我说:"妈妈,我的小火车找不到了,你快帮帮我,好吗?"

我说:"小南瓜,你表达得真好,妈妈一下就明白了你的意思。但是下次要再勇敢一点,有话想对妈妈说时,你就大声地跟妈妈说,不要害羞和胆怯。妈妈相信你以后一定会越讲越好的。"他高兴地点了点头。

大概在他3岁3个月的时候,有一天早上,我和他在玄关换衣服,准备送他上幼儿园。他在地上发现一枚硬币,捡了起来,对我说:"妈妈,这有一个硬币。"

我接过硬币对他说:"这个不是妈妈的硬币,我不知道是谁的。你动动小脑筋想一想,硬币可能会是谁的呢?"

他想了一下说:"妈妈,我分析这个硬币应该是爸爸的。他昨晚最后一个回来,换衣服时掉下的。"

我高兴极了,这可是他说过的最长的一段话,不但思路清晰,有理有据,把脑子里想的都用语言表达出来了,居然还用了"分析"这个词,真是太让我惊喜了。

苏格拉底说:"教育不是灌输,而是点燃火焰。"激发孩子的潜能是一个系统的工程,家长要做的是找到能量源,点燃火焰,然后让火焰持续燃烧,不熄灭。

家长的坚持最好单纯一些,不要因为看到希望而坚持,而是因为坚持才会看到希望。

作者：刘红，育儿博主@水沉薇，毕业于山东大学计算机学院，目前在某通信公司任职，有10余年工作经验。擅长心理学、育儿教育，曾在起点网写过7万字小说，获新人奖第六名。拥有大量原创博文，博客访问量达到百万人次。

如何提高孩子的自信心

七宝是一个自尊心很强的小朋友，凡事喜欢追求完美，遇到挫折的时候，她很容易丧气和急躁。

七宝第一次跳绳的时候，最多只能跳一两个，有时候着急起来，一个也跳不好。因为她动作不熟练，再加上心情沮丧，这个时候，如果有人教她正确的跳绳姿势，她反而越学越不会，越不会越急躁，最后她就哭着坐在地上喊道："为什么我总是跳不好？"

如果此时给七宝施加压力，让她一定要把跳绳跳好，那么在她幼小的心里会留下不可磨灭的阴影。

如果这个时候，让七宝放弃跳绳，那么她以后遇到任何困难，首先想到的就是放弃。因为放弃比克服困难容易多了，而且以后不管做什么事情，她都很容易丧失自信心。

到底怎么做，才能树立孩子的自信心呢？其实只要从孩子的一个兴趣爱好入手，做到以下四点，就可以提高他们的自信心。

一、沮丧的时候细心安慰

七宝两三岁的时候，就对画画表现出浓厚的兴趣，经常一个人坐在桌子前，对着一幅画，认真临摹。

喜欢一件事情，虽然会投入更多的热情，但是不代表就能做得很好。这不，她在画人物的时候，手怎么也画不好，纸都快擦破了，但是画出来的手就像一把大蒲扇。

我在心里默念道"3，2，1"，果然，七宝的眼泪就像断了线的珍珠一样，顺着脸颊滚落下来。

此时，我一般不会立即去帮助她，而是先让她自己尝试一下有没有办法能做好，或者让她感受一下挫败感，因为由挫折到成功是提高自信的一个很好的过程。

一般情况下，结果是可以预料的，七宝会睁着泪汪汪的大眼睛看着我，可怜巴巴地说："妈妈，我画了好多次了，可还是画不好。"

这个时候，我会让她放下纸笔，坐在我身边。我轻轻地拍着她的后背，等她慢慢平静下来以后，给她洗个脸。然后，我会告诉她："妈妈也很喜欢画画，但是有时候也画不好，甚至把纸都擦破了。当时也非常着急,觉得自己总是画不好。但是我很快平静下来,想办法,因为哭解决不了问题,对不对?"

其实,这就是和孩子产生共情,理解孩子的情绪,帮助孩子表达内心的复杂情绪。这样,以后再跟孩子共同解决问题的时候,她才能认真听进去。

二、平静的时候提供方法

等七宝平静下来,我会告诉她:"七宝,你画画的时候,有时候总是画不好,不是因为你不行,而是没有找到正确的方法。比如,你现在画的这只手,为什么看起来不像一只手,倒像一把大蒲扇呢?"

七宝看了看自己画的手,不好意思地笑起来。

我也笑着说:"其实,这是因为你画画的时候,没有仔细观察。你在临摹的时候,试着把原画的线条位置记在你的小脑袋中,然后自己画的时候,尽量复原原有的线条,并不停地对比,就可以越画越好了。"

七宝若有所思地点了点头。

"妈妈相信你能做到,就像你之前跳绳一样,你以为自己跳不好,但是找到正确的方法后,再勤加练习,现在是不是很厉害了?"

七宝点点头,又开心地画画去了。

在孩子遇到挫折的时候,告诉他们解决问题的正确方法,让他们把失败归因于自己努力不够,方法不对。这样,他们会肯定自己的努力,相信可以通过努力控制结果,从而战胜困难,获得成功。

三、进步的时候提供鼓励

对于七宝的每一点进步,我都不吝啬对她的表扬。这种进步不仅表现为画技本身的提高,还包括她对于画画的坚持和投入,也就是她学习的态度。

表扬孩子要有针对性,不能笼统地说"哇,你好棒啊!",而是要表扬具体的事情。

"七宝,你每天都能坚持画画,不需要妈妈督促你,这一点实在太棒了。而且妈妈发现,在这幅画中,你还加入了自己的想象,真的很有创造力呢!"

因为我和七宝爸爸陪伴孩子的时间比较少,所以我想培养孩子主动学习的能力。比如,让七宝每天学习认字。有一次,我在公司,七宝发语音告诉我,她学习了哪些字。我表扬她道:"七宝,你能主动学认字,都不要妈妈提醒,这一点实在太宝贵了。很多小朋友一开始都做不到呢。"七宝听了很开心,于是,她每次都主动告诉我认识了哪些字。

植物有趋光性,向阳而生,而鼓励就是孩子的阳光,指引他们前进的方向。你希望孩子朝着哪个方向发展,就朝着哪个方向去鼓励孩子。

四、骄傲的时候客观评价

孩子的自信心很容易膨胀,表扬多了,有时候可能令孩子认不清现实。这个时候,父母就要客观地告诉孩子哪里做得还有欠缺,哪里还有很多进步的空间。

七宝经常跟身边的同学和家长说："你知道吗？我画画很棒呢，参加了韩国画画比赛，得了第一名呢。"其实是韩国画画比赛得了鼓励奖，另外一个画画比赛得了金奖。

还有的时候，她会很骄傲地告诉我："妈妈，在我们幼儿园大班，我是跳绳跳得最多的，有的小朋友跳了三十个就以为很厉害呢！"

有这份自信当然是很好的。一般这个时候，我不会立马拆穿她，毕竟要考虑到小朋友的自尊心。但是事后，我会告诉她哪里做得还不够好，但是我相信，她坚持努力下去，一定能做得更好。

建立自信，就是把一件困难的事情慢慢做好，让孩子亲身体会遇到困难、解决问题并获得成功的整个过程。具体的方法，就是做到以上四点。在父母耐心的引导下，孩子一定会充满自信。

作者：葛娜娜，微博博主@西语自习室。育有一儿一女，亦孩亦友，点亮孩子的同时，唤醒自己；会西班牙语的英语老师，一线少儿英语启蒙多年，积累了丰富的实操经验；儿童发展心理学探寻者，心理健康教育追随者，从心出发，教书育人。

如何激发孩子的自驱力

朋友 A 邀请我到她家玩，顺带帮忙说说孩子，让她可以主动完成学习任务。我和朋友 A 接了孩子一起回家。

进了家门，朋友 A 放下闺女的书包，急匆匆地说："你先写作业，我去做饭了，等你写好了正好吃饭。"

孩子头也没回地说道："知道了，我先玩一会儿，马上写。"孩子坐到沙发上，拿起了旁边的 iPad。

朋友 A 去厨房做饭，我在沙发陪孩子一起玩（主要观察她在玩什么，准备什么时候结束）。过了十来分钟，朋友 A 出来拿餐桌上的菜时，孩子还在玩 iPad，朋友 A 说："你先写作业吧，玩很久了，快点写作业。"

孩子嘴一嘟，把 iPad 重重地扔在沙发上，大声嚷道："知道了！知道了！"我明显能感觉到孩子的不耐烦和生气的火焰燃烧起来了。虽然孩子有些生气，但孩子还是坐到书桌前开始写作业。我凑上前去看了看，字体飞舞，答题也很迅速，显然没有静心思考。

吃完饭，朋友 A 悄悄跟我说："你看，我们家这种情况，父母劳心劳力，孩子却一点也不领情，甚至还会嫌我们烦，这可怎么办？"

我给了她以下三点建议。

一、放下自我焦虑和压力，做顾问型家长

"我很能理解你全职带孩子的辛苦，尤其是孩子学习跟不上的时候，你特别担心。你有没有想过你自己的焦虑情绪在潜移默化中释放出来了？"

"是的，我就是担心她玩心重，每次跟她沟通都会急躁。"

"这时候，你应该先多看看自己，情绪有没有稳定，心情有没有平静，只有平静下来你才能和孩子保持正常交流，你说的话她才能听进去。"

说得容易，做起来很难呢！

比如，我带果冻的时候，他一直情绪很激昂，甚至会有肢体动作打到妹妹。我有时候控制不住情绪，会训斥他，他会可怜巴巴地

看着我,说:"妈妈,我害怕。"这时候,我发现我说的内容也许是对的,但是方式和情绪很不对,导致孩子完全被我的表情吓到了,根本听不到内容。

从那之后,如果我情绪上来,我便会独自到房间里待一会儿,等情绪稳定后再出来跟孩子们沟通,他们就会很容易接受我的意见或建议。彼此保存着爱,才能真正地解决问题。

"我也想控制情绪,但是看她在那里玩iPad,一点自觉性都没有,真的很上火。"

"你是她的妈妈,确实需要指导她各方面的成长,但是记住,你不是老师,你是她的妈妈,是温暖的港湾,情绪平定的你首先需要做的是多关心孩子的心情和感受:上学开不开心?喜不喜欢同学?学校里发生了什么有趣的事情?有没有遇到不开心的事情?需不需要妈妈帮忙想想解决办法?"

"我确实对她的内心感受关注得比较少,关注的多是作业有没有完成,老师表扬或批评了谁,等等。"

多关注孩子的想法,只提供帮助,不可以掌舵。

二、不替孩子做决定,给孩子自主权

当一个孩子不再需要帮忙穿衣服或鞋子时,他就不再需要我们催促他完成家庭作业了,这时候家长要学会理智放手。

"这可不行,你不管,她写得乱七八糟,老师会批评的。"

"老师批评的是谁?难道是家长吗?她写得不认真,肯定要承担不认真的后果,这样她自己才能重视起来。现在果冻上中班,有篮球考核。我知道他篮球拍得不好,但是我很少主动提出一起练篮球,因为我知道他不喜欢。有一天,他放学回到家跟我们讲,老师说了他要多练习拍球才行。从那之后,不管是他自己还是我们提出外出拍球,他都可以很积极地参与。"

"你家孩子还小,所以很好教。"

"这个跟孩子大小没太大关系,唯一的不同就是大孩子需要更长的时间意识到学习训练是自己的事情。因为他一直有人督促,潜意识里他会觉得有人会提醒他,一旦他意识到没人再帮他规划,他会尝试自己做起来。"

"自己做,也做不好呢!"

"这就是我讲的上一个点发挥作用的时候了。孩子做决定,家长帮忙提供指导。孩子自己制定目标,家长在孩子难以达成目标的时候给予帮助。比如,果冻5岁要拼6岁的巡航舰积木,我知道他自己拼不起来,但没有阻止,而是在旁边观望。"

"他拼成了吗?"

"没有,大哭了一场,说巡航舰颗粒小又多,实在拼不好。我当时说拼不好就不拼了。"

"你这样不对吧?怎么能让孩子直接放弃?"

"没有让他放弃,而是想要知道他的真实想法,不管他回答什么,我都会告诉他:'你拼不好还有妈妈呢,妈妈可以帮助你,只要你确信你想要去做这件事情,你一定能达成。'这样他对自我管理更有信心,更积极主动地掌控自己的生活和学习。"

三、帮孩子过上他想要的生活

我也曾带果冻学习打卡小半年,发现很多时候他会跟我说:"好累!不喜欢。"我仔细审视了一下打卡的过程。从开始制订计划到实施都是我做的决策,我没有跟他沟通过,导致时间长了他没有动力,也缺乏兴趣。于是我就停了。妹妹从来没有被要求打卡做练习,天天看哥哥做,她反而主动要求做作业,而且每次都完成得很好。

"老二跟着学,更聪明。"

"也不是这样,主要是老二内心想要学习,强烈的兴趣指引她去做,就像果冻拼积木一样。所以我改变了策略,不把我的想法强加给他们,而是带他们多了解身边的事物。他们发现喜欢的事物后,要三番五次、强烈要求去学、去了解,我才会帮助他们去实现。"

"我们家确实是家长安排什么,孩子学什么,或者一看孩子有兴趣就让孩子学,没有确认是真的感兴趣还是一时兴起,所以到现在还没有一个真正喜欢的兴趣爱好。"

"没有找到自己想要的,所以才会迷茫或选择娱乐消遣的项目去做。"

事后过了两个月,朋友 A 发来孩子得三好学生奖状的照片。朋友 A 说尝试用我说的方法去做,一直忍着不去强迫孩子做事情,孩子找到了自己喜欢的方式去完成学习和运动计划,各方面都有提升,家庭氛围也很好。

父母们放松点，让孩子多投入，放手让孩子独立解决问题。在孩子前行道路上受到挫折或遇到困难时，父母就要变成远航的灯塔，给出指导和建议，指引孩子勇敢前行，使其终身成长。

作者：蔡晓慧，微博教育博主、vlog博主、原创视频博主@理化慧老师。6年中考一线理化教学，STEM（科学、技术、工程、数学四门学科英文首字母的缩写）教育践行者，经历了授课老师、学科教研、课程研发的成长。擅长儿童教育、学习方法与策略，拥有大量原创理化教学博文与视频，视频播放量达到百万人次。

如何培养孩子的抽象思维能力

你肯定遇到过以下这些情况：

课本上的知识点，孩子好不容易记住了，考试却不会用；

题目中的每个字，孩子都认识，连成一句话，孩子却说看不懂。

这是为什么呢？一是孩子对题目中的词缺乏敏感性，把概念死记硬背记住了，并没有真正理解；二是孩子不能用思维把握住不同词语之间的联系，自然找不到解题的突破口。其根源都在于儿童时期欠缺抽象思维能力的培养。

一、用"组词法"培养孩子抽象思维能力

科学中的概念都是具有高度总结性的，可以通过将概念中的每个字组成词，再加以类比、想象，理解概念的本质。

1. 电流

"电流"是物理电学中的概念。"电"，是电子；"流"，是流动；组合在一起，就是"电子流动"。家长可以将电流类比成水的流动，引导孩子想象水在水管中流动的场景。电子像水，导线像水管，闭合电路中的开关，一个个圆圆的小电子，便哗啦啦地流出来，在导线中流动，一圈又一圈。

2. 化合价

"化合价"是化学中的基础概念。"化"，是化学、化学粒子；"合"，是结合；"价"，是代价；组合在一起，就是"化学粒子，组合在一起，要付出的代价"。

人和人之间要想形成稳定的关系，就要付出时间、感情。而化学粒子要付出的代价则是电子。化学粒子之间，通过得失或者共用电子结合在一起。

3. 导管

"导管"是生物学中的概念，存在于植物茎中，输送水分和无机盐。"导"，是传导、输导；"管"，是管道、水管；组合在一起，就是"起输导作用的管道"。这同样可用类比实现理解，比如水在水管中流动、血液在血管中流动等。想象在植物体内，也有一根长长的管子，植物的根从土壤中吸收水和无机盐，就沿着这根管子，

往上运输,输送给身体的其他部位。

苏霍姆林斯基曾说:"识记应当建立在理解的基础上……不要让学生去记诵那些还不理解、没有完全弄懂的东西。"学会组词法,既简单又好玩,能轻松地理解概念的本质。这便是引导孩子掌握抽象概念的第一步。

二、用画面感培养孩子的抽象思维能力

画面感常用在写作中,通过视觉、听觉、触觉等多角度描写,调动读者阅读时的多种感官,给读者如临其境的感觉。其实,画面感也可用在学习中。

一天,课上要学到"蒸发"的概念。怎么让三年级孩子接受这个全新的概念呢?从学生的生活经历入手,会是个不错的方法。

"同学们吃过蒸饺吗?"我在班上问。

立刻就有同学举手了:"老师,我吃过,我今天早上在便利店吃的就是蒸饺,妈妈给我买的。"其他同学一听说便利店,也跟着举手,说自己还吃过烧卖、发糕、馒头。

"你们观察过便利店的店员是怎么操作的吗?"

"他从一个大箱子里拿出来的。"

"他戴了口罩,用一个夹子夹出来的。"

"同学们观察得很仔细,把店员的操作描述得很清楚。老师小时候,没有这种蒸箱。妈妈蒸菜、蒸馒头,都是用一种竹子编成的笼子,叫蒸笼。"我展示蒸笼的图片,然后接着说:"往蒸笼里加水,再把食物放进去加热。等食物熟了,打开盖子,热气就升起来,特别烫,

有一次把老师的手都烫伤了。"

随后,我围绕"蒸发"引导学生聊起了在家里的日常:有的学生在家里用水壶烧过水,用电饭锅煮过米饭;有的学生分享了参加夏令营的经历,大家一起生火,用铁锅煮汤。

"像这样,蒸笼、水壶、锅里的水被加热,变成热气跑出来,这就是蒸发。"

我引导学生大量感受生活中的事实、现象,学生脑海中就形成了一幅幅"蒸发"的画面,对"蒸发"的认识就更深刻了。接着,我再对这一概念进行拓展。

"蒸发的应用范围是很广的。不仅蒸笼里的水会蒸发,我们的皮肤也会蒸发水分。"

学生一听都笑了:"这不是出汗吗?"

"对啊,我们的身体就像个大蒸笼,夏天特别热,很快把身体里的水分给蒸出去了。同学们,现在冬天会出汗吗?"

"当然会啊,要是不出汗的话,就可以不用洗澡了。"学生七嘴八舌地说,还笑着说老师连这都不知道。

我快步走到一个哈哈大笑的学生面前,弯腰低头凑近,盯着他的脸,左看看右看看,摸摸下巴,故作疑惑道:"咦?同学们说冬天也会出汗,可是老师没在你的脸上看到蒸出来的水呀?"

"水太少了呗。"

"为什么夏天出很多汗,冬天出汗少呢?水的蒸发竟然这么奇怪!"

"因为夏天很热,冬天很冷呀。"

"原来如此,无论是夏天还是冬天,无论温度高还是温度低,蒸发现象都是能发生的。区别在于夏天温度高,蒸发更快;冬天温度低,蒸发慢。"

于是,我们通过生活中的例子,找到了影响蒸发快慢的因素。

最后,我带学生一起做实验,验证水在冬天是不是真的能蒸发。

"现在刚好是冬天,每个小组准备三杯水,用笔画好液面刻度,放在老师的办公桌上。每天上课前观察水有没有变少,一个星期后,我们分享实验结果。"

学生开始分小组,进行"冬天水分也能够蒸发"的验证实验。

费曼的父亲给费曼讲恐龙的时候,书上说恐龙身高25英尺,头有6英尺宽。父亲就给他举例说明:"恐龙站在门前的院子里,它的身高足以使它的脑袋够着咱们的窗户,但它的脑袋伸不进来,因为它比窗户还宽呢。"

在引导孩子的过程中,把抽象的概念转换成生活中可接触到的事实,越形象越好。当孩子想象这个场景时,就像在大脑中放电影一样。如果孩子从小就在思考生活事实的过程中掌握某一种抽象概念,他就能掌握一系列的抽象概念。

作者：黄倩怡，教育硕士，和孩子们打成一片的语文老师，荣获"优秀班主任""优秀辅导员"等称号，专注于家校共育与儿童心理研究。

如何培养孩子的时间观念

"赶紧的""你能不能抓紧时间"……在日常生活中，孩子做事情拖拉是每个父母都会遇到的事情。乔小乔开学了以后，磨蹭的习惯越发严重，每天早晨千呼万唤才起床，磨磨蹭蹭地刷牙，拖拖拉拉地出门……明明20分钟就能起床、洗漱到学校，却拖拖拉拉地进行了一个多小时，不仅迟到了，还给孩子造成了很大的心理负担。反复催促对这个"小拖拉机"来说，也不过是左耳进右耳出的耳边风罢了。

作为教师的我，和家长一同反思，我也请教了不少的专业人士，最终发现乔小乔这类同学的问题主要集中在以下几个方面：孩子缺乏正确的时间认知，孩子没有完备的心理状态，孩子在生活上缺乏引导，从而导致行动力不足。

一、帮助孩子认识时间

为了帮助乔小乔，我在班里举办了一个活动，让乔小乔上讲台做一个"5分钟可以做什么"的游戏。

我鼓励道："乔小乔，老师给你5分钟的时间，看看你能不能完成以下几个小任务。老师有奖励的哟！"

乔小乔十分愉快地答应了我。在短短的5分钟里，乔小乔完成了整理桌面、收拾衣服、书本分类等多项任务。

等到游戏结束，有的同学直接大声喊："看看乔小乔，做了那么多的事情！"

乔小乔也被这短短的5分钟里做完的任务震惊了，惊叹道："老师，原来5分钟可以干这么多事情呀！"

我感觉特别欣慰，总结道："大家要清楚地认识时间并充分利用时间，因为时间是非常宝贵的。"

第二天，我在班级范围内组织了DIY时钟的活动，让孩子们了解时钟的运行和时间的流逝。时钟并不好做，我们互帮互助，让孩子们在拨动时针的时候感受着时间。其中，乔小乔的表现最好，做完后我便邀请乔小乔分享自己的感受。

令我没想到的是，乔小乔说："原来我的时间就是这么一分一秒积累的呀。"那一刻，我感觉乔小乔对时间和效率的理解更加透彻了。

我想，这在乔小乔和其他同学的心里留下了深刻的印象，从那时候起，他们似乎突然就明白了时间的宝贵。

二、教会孩子如何规划时间

时间如何规划？孩子们自己并不知道。在一次学校组织的大型活动中，乔小乔担任主持人。我和他约定好了下午五点到升旗台进行彩排，可乔小乔快六点才姗姗来迟。

我和他了解情况时，他才支支吾吾地告诉我，他放学后在教室里写作业，写着写着便忘记了时间。我正想责备他不守时，可转念一想，孩子不是故意忘记了时间，如果直接责怪他，他会感到委屈，并且他还不善言辞，不会辩解。乔小乔的拖延行为是由他不会规划时间，对时间缺乏基本的认知造成的。于是，我引导他学会规划时间，给他引入了清单计划，教他如何制订合理的时间计划，每个时段干什么，提前在清单中记录下来。

一开始，乔小乔是比较抗拒这样的要求的，所以我不能硬来，只能循循善诱。我想出了一个办法，征得了乔小乔的同意，他十分乐意参与。

我规定，如果乔小乔提前完成清单中的任务，我会给他一些小惊喜、小奖励，比如和老师拍一张合照，担任一日班干部等。

需要注意的是，在约定好的时间里，教师和家长都要管住自己唠叨的嘴，收起急切的心，让孩子自己成为这段时间的管理者，提升孩子的自主性。这样的方式不仅可以让孩子减少拖沓，还可以让孩子学会遵守约定。

我这样做取得了明显的效果：乔小乔在完成任务中感受到规划时间、管理时间的乐趣，学会了合理地分配时间，调整做事情的顺序，让计划合理有序。

三、引导孩子提高执行的效率

做一些事情，最好用一整块时间，一气呵成。

集中化时间可以敦促孩子专心致志地做一件事情。比如，乔小乔在做作业的时候，可以给他一大块的时间，并且用上计时器，让他对自己的效率和时间有清楚的认知。

计时器可以让难以估算的、抽象的时间变得可控，是培养孩子良好时间观念的有利工具。等下次做作业的时候，根据作业量计时，与自己之前做作业的用时做比较，激发孩子的进步心理、超越心理。一个月下来，乔小乔特别愿意提高自己的效率，好好地规划时间。我们适当地给出奖励，他也乐在其中。

所以，家长积极教育和引导，孩子才能更好、更全面地发展。

作者：李瑶，微博育儿博主@啊小彩虹。心理学硕士，童书推荐官，6岁女孩的妈妈。育儿路上的难题，不是得到一个答案就够了，而是要知其所以然。期待在微博与你一起探讨。

如何培养孩子坚持的品格

培养孩子坚持的品格，是每位家长都需要重视的，小到坚持读完一本书，大到坚持练习某种技能。坚持的前提，可能离不开兴趣、阶段性目标和结果奖励。但孩子仅靠着这些支撑，也许并不能坚持到最后。很多时候，我们坚持不下去，往往是被一些细小的事情所打败。

我女儿嘟嘟，3岁的时候想学芭蕾。半年后，她告诉我："妈妈，太难了，我不想学了。"然而我看得出她仍然喜爱芭蕾。可经过一段时间的努力后,芭蕾课还是先停下了。

我反思了一下,终于找到了原因。原来让我们不能坚持到最后的,竟然是一些小事。好在我及时调整了自己,这两年来,我无数次地实践,帮助培养了孩子坚持的品格。

一、鼓励孩子,也要鼓励自己

嘟嘟现在 6 岁,受我的影响,她喜欢看书、画画。但由于我的忽视,她的运动技能比较弱。搬家后,楼下的猴杆成了她最爱的玩具,可她却不懂如何做。看到一个大哥哥,一口气爬完了九根猴杆,嘟嘟跃跃欲试,结果却发现自己连杆都够不到,更不要说爬过去了。

孩子们在开始时都是乐意尝试的。她让我抱她去触碰到猴杆。我松手,她在猴杆上悬空一秒,就撑不住落地了。试了几次都不行,小家伙气急了,说:"怎么我就是够不到!"我说:"嘟嘟,我们才刚刚开始,再多练习几次,一定没问题。"

嘟嘟听进去了我的话。第二天放学后,我们又来到猴杆面前。然而她的表现和昨天一样,没有变化。我耐心地说:"要不我们再试几次?"这次她不听了,委屈地说:"我已经试了很多次,但还是不可以!"

正好这时来了一个小朋友,他抓起猴杆就爬过去了。嘟嘟一看,更气了,仿佛全世界就她一个人做不到。

我抓住机会和那个小男孩打招呼,问:"这个猴杆,你是不是练习了很多次,才能做到这么厉害呀?"小男孩羞涩地回答我:"是的,阿姨。"然后我回过头对嘟嘟说:"你听到了吗?即便是这么厉害的小哥哥,也不是一开始就会的。只有反复练习才可以。"

这次嘟嘟还是听进去了。我想,这是榜样给了她力量。很显然,没有不练习就能轻易习得的运动技能。现实不像小游戏那样简单易通关,就像嘟嘟喜欢玩我手机中的一款做饭 App,当有小动物来你的饭店点了一份鱼香肉丝时,你只需要加入材料,铲子炒两下,五秒钟就做好了。

从那天开始,我对嘟嘟说:"也许明天、后天,甚至一个星期后,你仍然还是做不到,但是妈妈会陪着你,并且我相信我们做不到是因为练习得不太够。嘟嘟,你能坚持到最后吗?"小家伙似懂非懂地点点头。你是否觉得这个过程十分顺利,直到她最后成功爬完所有猴杆?并没有。

练习的前几次,她还能稳定住自己的情绪。等到第五次,她开始皱眉,自暴自弃地说:"我永远都不可能做到!"除此之外,她还会突然哭闹,有时候还会坐到地上不站起来。

面对这样的情景,我有几次差点忍不住发脾气。因为我白天需要处理工作,晚上本想回来和娃享受欢快的亲子时光,却依然要承受着娃的焦虑情绪。

这是我情绪崩溃的临界点。每到这时候,我都会默默地走远一些(前提是要顾及孩子的安全),到一旁站着。目的只有一个,就是鼓励我自己。

我安慰着自己,想要让嘟嘟学会坚持,那我要先学会。如果我告诉嘟嘟她可以不用再做了,那就是给了她一个放弃的机会,以后她要面对那么多事，难道完不成就选择放弃吗？我不愿意看到这样的结果。

三分钟后，我回到嘟嘟身边，给了她一个拥抱。我对她说："妈妈没有放弃，我希望你也是。"

二、学会坚持，也要学会放松

家长都很注重孩子的外语学习，而语言的学习，更离不开坚持的品格。

嘟嘟4岁半时，开始了系统的英文学习。刚开始她劲头很大，如果当天没课，还会问我为什么不上英语课了。每天一小时的英文学习，就这样坚持了一年。

后来在一次课上，我注意到嘟嘟上课分神、玩玩具。下课时，我问她今天学了什么，竟有好多没答上来。这样的情况持续了三四天，我决定好好和她沟通一下。

我问："嘟嘟，你还喜欢上英语课吗？"

嘟嘟说："我喜欢英语，但我觉得这个课有点无聊了。"

听她这么说，我也不可能轻易把课取消了。可上课不专心，一定会影响孩子的学习效果。但想想自己考研时，也并不是每天都能全神贯注地学习。劳逸结合，这个道理我们都懂。

于是，我决定这么调整：减少学习的时间，但每天都要坚持上英语课。一个月后，嘟嘟再次回到了之前学习的状态，这就是坚持的力量吧。

培养孩子坚持的品格，并不是让孩子时刻绷着弦，因为弦太紧，迟早会断。我们将英语的学习放得长远些，中间的停顿不算什么。往大了说，不只是英语的学习，我们的人生也是一次长跑。不要介意中途哪段跑得慢，那可能是在积聚能量。

三、学会总结，收获不止于此

后来，嘟嘟能爬猴杆了吗？爬得怎么样了呢？

她一从幼儿园回到家，都会去试几次。两个半月后的某一天，她突然叫住我："妈妈，快看我。"小家伙正抓着最后一根杆，对我一直笑呢。

她做到了！

小家伙知道我没看见过程，又从头开始，表演了一遍又一遍。那天她特别开心。

嘟嘟说："妈妈，我是不是特别聪明？"

我说："嘟嘟，妈妈觉得你不是聪明，而是付出了很多的时间进行练习。"

我以为事情就止步于此了。几天后的一个晚上，嘟嘟拿着新买的篮球，去小区游乐场玩。那里有一个不到 4 岁的小女孩，和嘟嘟比赛拍球。相比之下，小女孩显得十分"老练"。

小女孩对嘟嘟说："你都是大姐姐了，怎么拍得还没有我好？"我以为嘟嘟要难受了，谁知道她说："那是因为我没有练习呀，如果我练习一段时间，一定可以拍得很好。我爬猴杆就很厉害，因为我练习了很久呢。"

后来，嘟嘟学习骑自行车，学习数学，都遇到不少坎。她总会说：

"妈妈,那是我还没练习够呢。"

　　培养坚持品格的过程中,通过总结,娃拥有了成长性思维,这才是她最大的收获吧。希望坚持的品格,能够陪伴她走得长远。

第4章 艺术学习与学科学习,适合孩子才重要

> 度过了基础启蒙阶段,新手父母面对孩子的学科启蒙,又需要投入新的"战斗"。孩子有没有必要上早教?孩子学习乐器的正确方式是什么?怎么对孩子进行数学启蒙?如何对孩子进行美术教育?如何安排孩子的英语学习?本章将带你深入了解这一系列的问题。

作者：程今今，微博博主@blingbling

程今今。心理学、管理学双学士，公共管理学硕士，6年时间管理和个人成长领域实践经验。2014年开始用日程本管理日常生活，2016年建立个人手账系统，自创个人管理梦想、健康、工作、学习、家庭、日程全纬度体系，2017—2019年个人年度目标完成率超90%，个人微博时间管理系列博文总阅读量超20万人次。

孩子有没有必要上早教

闺密小西从怀孕起就开始看育儿的书，如《西尔斯亲密育儿百科》《实用程序育儿法》等，林林总总看了不下三四十本。女儿从出生起，小西就给女儿制定了详细的成长方案。当然，方案里也包括早教启蒙。

小西从看的书中整理出各个年龄段早教启蒙的指南——1岁上大运动课、3岁上平衡车、4岁上舞蹈、5岁上乐器、6岁上跆拳道……

这听起来似乎非常有规划性。

一、早教启蒙是报兴趣班吗

小西的方案听起来似乎非常完美,而且她以读过的育儿书作为理论支撑,网络上也有各类让家长们眼花缭乱的指南来指导大家怎样安排早教启蒙方案。似乎,一个孩子应该"出生即早教",迟一步就会输在起跑线上。

我看到这个贴在小西家最显眼处的早教启蒙方案时问她:"你确定你女儿会在3岁就喜欢平衡车、4岁就喜欢舞蹈、5岁就喜欢乐器、6岁就喜欢跆拳道吗?"

她露出疑惑的表情。我又强调了一句:"你在规划这些早教班、兴趣班的时候,就确定孩子会有兴趣提前接触舞蹈、乐器并且要学习,要报班吗?"

听到我的问题后,小西陷入了长时间的沉默。后来她跟我说:"说起来,我还真的没有考虑过这些问题。我以为,我已经提前看了书,制定了方案,到时候照着方案做就万无一失了。"她顿了顿,又问道:"那我现在这个方案要怎么处理呢?是不是不能给我女儿进行早教启蒙了?如果她对某个东西有兴趣,怎么办呢?"

小西问的问题,是大部分家长都会在意的问题。父母都会觉得,孩子的人生只有一次,怎么能让孩子输在早教的起跑线上呢?

类似的想法不无道理。我并没有直接回答小西的问题,而是跟她分享了我一位同事的女儿的故事。

同事的女儿不仅学习成绩好,还德、智、体、美、劳全面发展,曾经在大型钢琴比赛中获得数个金奖,奥数竞赛获得好名次,参加过各类公益慈善活动……

我初次听到同事女儿的"战绩",非常惊叹地问:"太厉害了,你女儿怎么做到在每个方面都这么强的?"同事毫不在意地说:"其实没什么,我把她同龄人小时候用来上兴趣班、辅导班的时间都拿来陪她'跨越山河大海,看遍秀丽景色'。她从小就展现出跟别人不一样的好奇心,我常带她去博物馆、科技馆、美术馆,她见多了自然就会想'知其所以然',在学校学知识就轻松了许多。"

同事对待女儿上钢琴课、兴趣班的做法和态度也与大家不太一致。女儿显露出对音乐的兴趣后,同事并不是马上就带女儿去报钢琴课,而是让女儿听了几种乐器的乐曲。当女儿明显流露出对钢琴乐曲的喜爱时,同事再适时引导她去学习钢琴。

初期当然也有辛苦的阶段,但是每次同事都会跟女儿回顾那些悠扬的旋律、钢琴家在舞台上陶醉而自由的状态,鼓励女儿坚持下来。

最重要的是,当女儿长大后,同事逐渐不再介入女儿的钢琴课,而是让女儿自己去寻找喜欢的钢琴老师,自己去联系培训机构,自己选择是否考级,是否参加比赛。

整个过程都是孩子自己做决定,孩子当然就能坚持下来。

听了同事的故事,我陷入深深的思考。传统的理论认为,孩子是一张白纸,我们要在上面描绘美好。但是,大家有没有想过,孩子的人生真的是一张白纸吗?或许他的纸上已经画好了几笔,或许他需要的并不是你给他的蓝色画笔。

二、早教要"教"什么

谈到学龄前儿童,我们总拿一种成人的眼光来看待他们。有的家长认为,他有什么兴趣爱好,还不是我们给什么他们接受什么;有的家长认为,孩子什么都不懂,太早接触就是拔苗助长。

久而久之,有的家长变成了小西那样的"一丝不苟计划"派,有的家长变成了"放任不管"派,还有的家长变成了"你孩子学什么我孩子就学什么"派。

我当年就是"混乱"派,受到太多书籍、网络、文章的不同观点的影响,一会儿弄个计划"一丝不苟",一会儿工作太忙又"放任不管",一会儿看人家孩子学的兴趣班又"心动不已"。

其实,早教或启蒙,并不是纯粹在一个"无"的状态去描绘、填充。每个人生来都是不一样的,对同一事物的看法不同,这就要求家长或老师发现不同孩子内心不同的渴望。

这里举个简单的例子:如果要教一个学龄前的孩子"向日葵(太阳花)"的概念,你会怎么做?

我相信大部分父母都有答案:有的父母会让孩子看向日葵的图片,有的父母会带孩子去野外看向日葵。

这两种方案是不是都还不错?父母抽出时间来传授"向日葵"的概念,但在这个过程中孩子完全处于"被动接受"的状态,他作为一个个体,对于向日葵真正想要了解什么呢?

如果是一个优秀的早教案例,那么教授者应该会带一群孩子去一片向日葵地,先不传授任何内容,而是让孩子去体验、去表达。

有的孩子会说"向日葵是黄色的,真漂亮",有的孩子会说"向日葵真高呀",有的孩子会敏锐地发现"向日葵都是向着太阳的",等等。

之后,教授者就要开始反思,到底是颜色还是高度,抑或是特征会让孩子最感兴趣?如果是颜色,那么可以请孩子们一同在大自然中收集黄色的花朵,再对收集到的花朵展开讨论。

这个过程和单纯的教是不同的。通过一系列交流,比如孩子们之间的天真提问或讨论,促进学习一种新事物的探索过程,激发孩子们的学习热情。可能,一堂名为"向日葵"的课最后变成了"今天你采集到的黄色花朵有几种"!

所以,早教的"教"并不是我们大人内心中那个"教"的含义。这里的"教",是把孩子当作主动去探索和发现的主角,家长只作为旁观者加以引导。更深层的含义是,家长是儿童大脑中的那些代表不同知识神经连接和电量的指引者。

三、早教要多做"减法",不是做"加法"

说了这么多,我们应该如何给孩子做早教呢?

回到前文我同事的女儿的经历。同事以先于同龄人的眼光,在女儿1岁时带她看艺术启蒙绘本,2岁时一起做简单的科学实验,3岁时出门旅游……

如果纯粹从实用主义角度来看,当孩子1岁、2岁、3岁的时候,大家总觉得"他们还这么小,懂些什么呀",但如果我们回到早教和启蒙的本真,家长的作用是引导者、指引者,那么早教就是要给孩子提供更多的可能性。

可是，大部分家长做到的，只是"我们认为孩子缺什么就给孩子灌输什么"。比如闺密小西，从表面上看，她给女儿制定了"阶梯式"的学习方案，按年龄分阶段培训，看起来既科学又翔实，但实际上也只不过是传递自己的焦虑罢了。

没有见过运动员夺冠时英姿飒爽的样子的孩子，突然被要求每天练习1小时的平衡车，他怎么会喜欢日复一日地绕着障碍物骑呢？

没有见过芭蕾舞者翩然的舞姿的孩子，突然被要求每周上两节课，她怎么会心甘情愿、忍受痛苦地去压腿练基本功呢？

没有在阅读的海洋里徜徉、体验过读书的快乐，只是机械地看图认字或者整日与点读笔为伴，怎么会发自内心地想阅读更多的书呢？

所有的学习、兴趣都会偶尔让人觉得枯燥无味，但正是因为热爱，孩子们才能体验到快乐，于芸芸众生中脱颖而出，更有毅力和决心去坚持。

所以，早教的本质不是做"加法"，给空桶里灌满大人们想象中的"养分"，而是带孩子体验这世界的山、海、树、木、花、草……让他们发现自己真正的兴趣。

朴树那首《平凡之路》唱得好："我曾经跨过山和大海，也穿过人山人海……"带着孩子"跨过山和大海，穿过人山人海"，让他们体会到自己的热爱，这也许就是早教的真谛。

作者：黄苏平，微博博主@红点树皮。师范专业大学生，当下在校园附近的一所琴行兼职做钢琴老师，在处理不良情绪方面具有非常丰富的经验。大学期间多次组织大学生去小学进行环保教育，对小学生的情感需求有充分的了解。

孩子学习乐器的正确方式

学乐器，到底让一个孩子、一个家庭付出多少抑或收获多少，只有孩子和家长自己心里最清楚。

我从小学习钢琴，在年幼接触钢琴的时候就发现，一起学钢琴的同学的家长，在自家孩子学琴之初就有诸多疑问。他们想着去找人解惑，却往往得到一些很令人无奈的事实——要么懂音乐的人不懂教育，要么懂教育的人不懂音乐，琴行工作人员所说的，家长们又不敢相信，确实挺无奈。

想起我当年学习钢琴，无非就是被家长刻意引导，而他们引导的缘由也非常有意思。我父亲年轻时在重点大学求学，觉得好多大城市出来的同学会这会那的，好羡慕，所以如今有条件了，就想着让我去学习钢琴，不为别的，就为了弥补自己当年的遗憾。

因此，我从小在学习钢琴上吃过不少苦头，如今又在琴行工作，虽然不是音乐教育的专家，但也想着帮助更多的琴童和琴童家长少走点弯路。

一、要不要让孩子学乐器

首先，作为准琴童家长，功利心是不可取的。

前些日子，我在微博上看到一个案例，投稿人说自己在商场见到外卖小哥闲暇之余，用公用钢琴演奏着自己熟练的曲目。这位投稿人突然觉得，穷人家的孩子学琴、棋、书、画，到最后只会变成一个有点特长的韭菜，因此不想再逼迫自己的孩子了。这位投稿人的本意是好的，但是评论区里却有很多人过分功利，有人觉得会一种乐器是阶层的表现，懂点艺术就是与他人不同的体现。

其实作为普通人，我们也清楚，自己的孩子不是神童，学习乐器本就是让孩子培养一个兴趣，给孩子一个修养身心、调剂心情的机会。

在家长没有功利心、孩子对音乐有兴趣的情况下，我们可以进入下一步——学哪种乐器。

有的家长可能认为随便选个乐器学就行了，其实不然，因为演奏乐器确实需要天赋。

我小时候,有个同学就是因为手小,整个手撑开也就只能够得着6个白键,导致她的考级之路被迫腰斩——稍微难一点的曲子,她的左手根本配合不来,现在她成年了,手还是不够大,能弹的曲目相当有限。

如果父母的手小小的,就别寄希望于你家孩子可以通过学乐器让手变大,基因真的是非常神奇的存在,我们很难与其对抗。

要不要让孩子学乐器,还要看孩子身边的环境及他自身的情况。

环境真的很重要,比如你家的邻居是否能接受你家孩子每天练琴的声音。学小提琴,免不了要"拉锯";学架子鼓,免不了要"拆墙"。这些噪声都考验着大家的耳朵。咱们不能给身边人造成困扰,不是吗?

我小时候学钢琴,老师总是对我说一句话——一天不练自己知道,两天不练老师知道,三天不练观众知道。这里的练指的是练琴。如果孩子平日里坐不住,不能忍受冷板凳,就别逼着孩子,不然孩子苦,家长也累,家里就免不了争吵声。

家长的心态、孩子的先天条件和学习环境都是孩子学乐器之前家长必须考虑的,倘若这三点都无法满足,那么家长真的要好好考虑要不要让孩子学乐器。

二、巧妙应对琴童情绪

孩子学琴与家长懂不懂音乐、家庭有没有氛围关系不大,关键是家长和孩子都要有毅力。既然走了这条路,那就努力加油走下去。

在琴行里待得久了,就可以从家长口中听到各种不同的方法,因此家长不妨试试以下几种战术，找到适合孩子的。

战术一：让孩子觉得自己好厉害。

孩子初学的头两年，家长可以在陪练的过程中请孩子做老师，教自己学琴。哪怕只是最简单的认谱，都会给孩子带来极大的自豪感。

除此之外，还可以表扬孩子的具体的进步表现，如今天学小提琴夹琴超过10分钟。有些孩子特别喜欢被夸，越夸，他们的学习劲头越足。

战术二：陪练时请轻声细语。

好多家长不只在辅导孩子做作业时容易嗓门越吼越大，陪练时也一样。这是很多家长都会面对的问题——孩子的负面情绪爆发，家长的负面情绪也迎合着。孩子练不好，家长着急；家长着急，孩子更练不好；恶性循环，没完没了。

很多家长动不动就大喊："你爱学不学！""为了让你学琴我付出了多少！""你怎么就是不行！"

先不说练琴有多枯燥，本来小孩子的手就没发育好，用得不均匀，家长还在旁边不停念叨"注意手腕""注意大拇指""小拇指不要翘起来""肩膀放松"，孩子能不想哭吗？你就想想你当年刚去学车的时候，教练不停地在你旁边碎碎念，还动不动损人，而且你还不能顶嘴，换位思考一下，你难受不难受？

战术三：固定放假时间。

我小时候每年寒暑假会去外地的外公外婆家住一两个星期，那段日子就不用练琴，算是一年两次的放假，也是我一年两次的缓冲期。

这样的放假必须是提前计划好的，而且绝对不能轻易改变。根据我从小到大以及后面去琴行工作的经验，连续一两天停止练琴，恢复正常练琴的时候，孩子的抵触情绪会更加严重，练琴的时候极容易发生"哭给你看"的场景。

战术四：红白脸战术。

红白脸战术本来是我在大学社团里接触到的，后来发现运用于家庭陪练也特别好用。

经常陪在孩子身边的那个家长唱红脸，说话和颜悦色，而另外一个不常陪伴的唱白脸，指出孩子的问题，态度要严厉，但是绝对不能伤到孩子的自尊心。

不过这个方法要注意，陪练二人组必须战线一致，拆台的现象千万不能发生，否则必定会使其中一方在孩子心目中的威信大幅下滑，同时会让孩子陷入不知道听谁的迷茫中。

战术五：允许孩子失败。

失败是很正常的。我见过不少学生，在上琴课的时候，一弹琴就看妈妈，妈妈一皱眉，手就僵住了。

这种多半是平日里父母盯得太紧了，然后孩子完全丧失了自我评判的标准，把信心全部归结于家长的评判。谁都不希望自己的孩子成为一个没有主见的人，如果可以，请允许他们失败，允许他们慢慢来。

三、琴童的未来

琴童的未来，无非就是两个大方向：放弃和继续。

放弃一般是指什么时候呢？最常见的是升学。

目前，初中生很少有时间去练琴，尤其是初三的学生面临升学，睡觉的时间都不够，很难挤出时间去练琴。

到了高中，时间紧，课业负担重，孩子可能脑子里就只有"我要睡觉"四个字了。

如果没有什么特别的原因，如果小孩不是走艺考方向去中考，学琴最好是坚持到初一升初二的暑假——这个暑假，学生还未接触到物理、化学两门科目，学业压力也不算大，非常适合孩子去考一张考级证书，以对自己过去的学琴经历做个总结。这张证书，也许在未来升学的道路上还用得上。

其实所谓放弃学琴也不是完全不碰琴，只要孩子不是对演奏苦大仇深，闲暇时间也会弹弹琴，疏解自己的心情。

真正的放弃，就是坚持不下去了，如果学琴让家庭变得不再像家，甚至孩子和家长都出现了不同程度的心理疾病，那么确实需要好好考虑了。学琴是为了陶冶情操，疏解心情，还是为了能够弹出自己都听不懂的古典音乐？

讲完了放弃，现在来讲讲继续。

继续便是走向专业选手的道路，以郎朗等国际钢琴大师为目标，或以乐团成员、音乐教授为目标，还有可能是成为一名乐器制作或修理的手艺人。

也许有一部分家长并不知道艺考的存在。初中的时候，我也不知道艺考的存在，直到我班里有个同学拿着鲁迅美术学院附中的录取通知书，跑去班主任那儿大哭，跟班主任喊着："我画画也能考上高中，你再也不能上课撕我的画了！"我才第一次知道，原来想读高中，并不一定只有参加传统的中考一条路径。

如果孩子在乐器方面天赋异禀，并且愿意坚持学下去，同时家长能给予孩子足够的支持，那么就没必要让孩子在初中放弃对乐器的学习。

至于艺考的要求，无论是通过互联网还是通过相关行业人士，都可以很轻易地了解到。

如果孩子未来对乐器制作、乐器调律，或任何跟音乐相关的职业感兴趣，那也是极好的。无论时代如何变化，有一技之长傍身，可以走得更从容。

作者：加西，微博博主@数学育儿加西。擅长幼儿数学启蒙，会用有趣的方法引导孩子对数学感兴趣。开办数学启蒙线下和线上家长课，受到家长一致好评。

如何对孩子进行数学启蒙

我的大孩子对数学有着浓厚的兴趣，在各种数学竞赛中取得了不错的成绩，在七年级的时候完成了整个高中的数学学习，这些都获益于早期的家庭数学启蒙。数学学习非常重要，它不仅在逻辑能力的建立以及其他重要学科的学习上有很大的帮助，也为我们的日常生活提供了便利。

有的家长有这样的疑虑：数学这么抽象的概念介绍给学前的孩子会不会有些太早？其实孩子对数学的兴趣和运用远超我们的认知，

早在婴儿时期，人类就能够感知数量，并进行简单的数量比较（哪个多，哪个少），我们可以用非常有趣的方式寓教于乐，不让孩子产生抵触和厌烦情绪，把启蒙融入生活。

一、在启蒙前父母要做的心理准备

在开始启蒙之前，父母要保持学习的心态并要有足够的耐心和抗挫折的能力，因为孩子越小，掌握一个知识和概念的周期越长。很有可能，父母教了很久，孩子还是没有理解，没有形成正反馈。

这个时候不要放弃，更不要指责孩子，而要继续努力，尝试用不同的方式或者在不同的环境中进行启蒙。还有一个重要的提醒，即使自己数学不好，也不要把这个信息传递给孩子，如果你经常告诉孩子自己数学不好，或者数学太难了，容易给孩子造成消极的影响，他可能会觉得数学很难，从而产生畏惧心理，以后遇到困难的时候容易放弃。

即使父母之前的数学成绩一般或者很差，也要抱着和孩子一起探索的态度，从每个细节出发，有耐心和自省地学习。

同样，如果自己的数学很棒，也要保持谦虚的态度，不要对孩子说："这个这么容易，你应该很快掌握。"自己能学好，并不等同于能把孩子教好。要教会孩子，需要从孩子的认知规律出发，从观察自己孩子的兴趣点出发，用各种有趣的方式反复把一个复杂的概念简单化，并应用起来、实践起来。

二、早期数学启蒙的框架

父母做好心态准备之后，要具体了解从哪些方面着手来引导孩子，这就要求父母有数学启蒙的知识准备。具体的知识父母已经储备了很多，只是需要把它们分类并且系统地整理出来，其中重要的启蒙内容有点数、认识形状、空间意识、模式和规律等。

如何启蒙点数呢？通常，孩子在两三岁的时候就可以口头上从1数到100，这个时候，父母误以为孩子会真正地数数了。其实这还不够，真正的数数是，面前有一些物品，孩子能数清楚它们的个数。所以在孩子还小的时候，每次和孩子互动，可以观察一下身边的物品，并具体地一一数出来，数完之后，告诉孩子它们有几个。

孩子在掌握点数之前会经历一些困难，比如，数完之后，并不知道是多少个，需要重新去数，或者有重复数的情况，这些都很正常，要坚持不懈地示范给孩子，耐心地等待孩子的突破。

另外，父母要提供一些形状认知的教具和孩子用于搭建空间结构的积木等。比如：准备圆形、三角形、四边形等基本形状的嵌板，让孩子观察环境中的形状，如相框、桌面等；让孩子把图形组合在一起，形成新的图形，或者把图形分割开来；引导孩子观察立体图形，比如球体、圆柱体、圆锥体、正方体等，看看杯子、盒子、冰激凌桶等立体形状。

除了以上的训练，父母还要培养孩子的空间意识和空间思维。例如：多和孩子玩捉迷藏游戏，通过描述躲藏的空间位置来帮助孩子精确地使用空间数学语言；和孩子一起制作简单的地图，比如家里空间的平面图，或者常去户外的路线图；鼓励孩子从不同角度操作、移动和观察物体；鼓励孩子从不熟悉的视角观察熟悉的事物，比如从桌子下面观察桌子。

还有一个重要的启蒙内容，即对规律和模式的观察和了解。对模式的思考是数学思维综合发展的一个重要标志，特别是对代数的后续理解，生活中有视觉图案模式、语言模式、动作模式等。视觉模式，比如按照黑白—黑白的模式排列瓷砖。动作模式，比如拍拍手—跺跺脚—转一圈，重复这样的动作。

具体的框架在很多幼儿数学启蒙的书中都有，可以详细了解。

三、找到好的启蒙教具

父母为孩子提供合适的数学启蒙教具能让孩子轻松入门。早期的启蒙最好是让孩子通过具体的教具来学习和探索，比如蒙台梭利感官和数学教具，具体如带插座的圆柱体、粉红塔、棕色梯、数棒、彩色串珠、塞根板、金色串珠组等。很多教具自带自我纠错功能，可以促进孩子自主探索。

另外，扑克牌、骰子、多米诺骨牌、尺子、秤、温度计、量杯、定时器等这些都可以用来学习数数、计算及测量。

多和孩子一起做数学游戏，比如飞行棋，注意在和孩子的互动中，大人要知道什么时候让孩子赢，不能总是战胜孩子，让孩子失去信心。

四、利用好数学启蒙绘本

在有了具体的启蒙框架后，可以通过和孩子亲子阅读来了解一些数学概念，可以读很多专题的数学启蒙绘本，比如《鼠小弟爱数学》系列绘本。这系列绘本把重要的数学启蒙概念编成浅显易懂的故事，通过故事吸引孩子思考并理解其中的逻辑和概念，还包含数数、数字顺序、一一对应、数字比较、图形认知、空间运动、规律排序等，非常全面。数学绘本的作用是在具体的教具、工具和抽象之间搭建了一个桥梁，为孩子提供更多元的认知方式。

除了绘本，市面上还有很多数学练习册。首先，不要着急让孩子做题，应该先在生活中大量地用工具玩，练习册有个很好的用途：如果父母不知道如何更好地挑战孩子，就可以参考一下练习册，找到灵感。

总之，父母要让数学在孩子的生活中出其不意地出现，而不是一本正经地坐下来学习，在生活中随手引入一些有趣的话题，一起探索，就像吃饭、聊天一样平常，让孩子在潜移默化中学到知识。

作者:赵晓静,微博博主@珍珠饲养员。南开大学管理学硕士,本科就读于厦门大学人力资源管理,长年从事人才选拔及培训工作,之前在船舶设计公司任职行政副总。生了女儿之后,全身心投入孩子的启蒙教育中,深入学习相关教育知识,并获得了教师资格证。

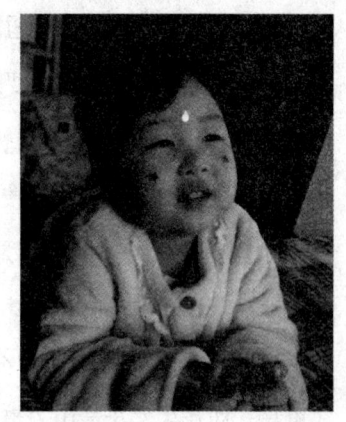

如何帮孩子发现生活中的美

我少年时学画近十年,从中受益匪浅。后来因为不太愉快的学画经历,再加上学业逐渐紧张,我初中时便放弃了对绘画的追求,至今仍深感遗憾。中国当代著名艺术家木心说:"没有审美力,是一种绝症,知识也救不了。"而从儿童身心发展的角度来看,培养审美力最好的时间也就学龄前那几年。错过了,效果便大打折扣。

所以早在小珍珠降生之初,我就开始了对她的美育启蒙之路。她三个多月时,我和她一起躺着阅读名家绘本。六个月后,带她感受阳光雨露、草叶花树。她开始对笔感兴趣时，就尝试绘画，以至于现在家里各处都布满了她的涂鸦作品。随着她年龄的增长，我也和她一起探索更多美的领域，而这些探索更多的是生活中那"润物细无声"的滋养。

一、巧用绘本，留心细节美

小珍珠1岁半时迷恋上了一本叫《你看见安娜了吗？》的绘本。它并不是我精心挑选的，而是一套二手绘本杂志的附赠。幼稚的水彩笔画风、模糊的形状、杂乱的线条，书里还有让密集恐惧症无法忍受的全身长满疙瘩的小孩。

小珍珠姥姥第一次看的时候吐槽道："这画的是什么乱七八糟的？这种水平我也能画。"

而这样一本大人都看不上的书，却成了孩子的最爱。很长一段时间，小珍珠总是在问："安娜呢？安娜呢？"

大多时候，我会直接把绘本拿出来给她看。而有的时候，我会说："走，和妈妈一起去找安娜吧。"

我带她到小院里，学着安娜的样子去观察蚂蚁；让她摸摸仙人掌上的小刺，感受安娜像刺一样的坏情绪；假装去安娜"走失"的菜市场，看看、摸摸那些形状各异的瓜果，感受绘本里那些密密麻麻的彩点究竟是什么。

以前小珍珠也去过超市等地方，但去找安娜的时候，她明显更兴奋、更专注。她会留心那些卖菜的叔叔、买菜的阿姨。偶尔看到扎着两条小辫子的小女孩，她就会追着问："那是安娜吗？"读绘本时，她总会着迷于书中的某几个事物或场景，无论读多少遍，都会在同一个地方发问。她特别在意的地方便成了美育启蒙的契机。

我们把彩窗磁力片当作眼镜去感受《七彩下雨天》里五彩的雨滴，带着《勇敢小火车：卡尔的特别任务》去"海鸥镇"看大海、飞鸟与云。看完《爸爸，请为我摘月亮》，连着几个晚上，我们都在窗前去观察月亮的阴晴圆缺。

观察是发现美的第一步，繁忙的生活让我们很容易忽略掉很多东西。而绘本如同一个放大镜，放大了我们平时不太留意的细微事物和感受，是帮助孩子发现生活细节美的利器。

二、记录收藏，保护独特美

一个暖和的冬日周末，我和孩子爸爸照例带着小珍珠去附近的郊野公园玩。临走时，小珍珠一如既往地带上了她的"小篮子"。那是前几天买面包留下的纸袋，上面有很漂亮的花纹。这个袋子就成了小珍珠的新宠。在这之前，她的"小篮子"是一个红色的食品包装盒。

从小珍珠2岁左右起，她就喜欢上一切可以提拎的包包、袋子或纸盒。她将这些都命名为"小篮子"。就算在家里也总爱拎着，到处搜罗东西装在里面，一会儿说是去买菜，一会儿说去收快递，可爱极了。

北方的冬天万物萧索，户外不似春夏有那么多的花、叶、果实。小珍珠却总能找到她喜欢的东西：不知名的干瘪果子，她觉得漂亮的小石头，甚至是土块、杂草，她都装进"小篮子"里。除了对健康有害的东西，我一般都不会制止。

今天，小珍珠在公园深处的松树林里发现了松塔，我也饶有兴致地捡了一些回来，准备用来制作圣诞花环。小孩子的兴致来得快，去得也快，除了个别东西，大多很快就不再关注了。于是每次寻宝回来，我都会把她的成果拍一张照片，然后只保留一些比较有趣的或可以做手工的东西。

我把整理好的东西装进她房间里专门的收纳盒。小珍珠目前还没有分房睡，她的房间现在是她个人的创作小天地。那里放置着她画画、做手工的桌子，一个很大的绘本架，一面涂鸦墙，还有一排四层收纳箱，里面收着她的玩具和她的各种小收藏。

虽然有涂鸦墙，但是小珍珠的创作轨迹已经遍布了房间的各个角落。我在对着门的位置，把她的一些有意思的画作用画框裱起来挂在墙上，还给它们命了名，如今已经有十几幅了。虽然只是一些看上去无意识的点、线、形状，但对小珍珠来说都是有意义的。我们会隔三岔五一起翻看她以前的收藏和作品，小珍珠经常被逗得哈哈大笑，有时候会说丑，执意扔掉一些东西，我也随她。在这种不断的收集、创作、记录和清理的过程中，小珍珠对美的感知也在不断地提升。

三、制作清单，体验未知美

一天下午，小珍珠难得自己看书看得津津有味，我就靠在一旁的沙发上打盹。突然，小珍珠扑到我的身上，把我吓了一跳。她拿着一本绘本《和爸爸一起去海边：发现神奇的生物世界》问我：

"妈妈，什么时候带我去看大海啊？"

"大海?"我还有点迷糊,"之前带你看过啊,去过好几次,你还在海边挖沙子呢!你不记得了?"

小珍珠说:"我记不清了,我还想去。"我想到上次还是半年多前去的南戴河,小孩子的记忆都很短,印象怕是已经不太深刻了。

"好啊!过几天,找个天气好的日子,就带你去海边玩。"说完,我随即找出我的心愿笔记本,把"陪小珍珠去看海"列入日程。在有小珍珠以前,我就保持着每年启用一本心愿本的习惯。大到买房买车、工作这些大愿望,小到日常旅行、探店、品尝美食的打卡小计划,每次有了想法都会列进去。这些小心愿十有八九都会达成。

小珍珠出生后,本子里大半记录都是关于她的。第一次去动物园、美术馆、科技馆,第一次逛商场、泡温泉,第一次爬山,第一次看海。每次打卡完成后,我都会把当天的照片贴在日程表里,她那些惊喜的瞬间都被保留了下来。

一周后,我带着小珍珠去了东疆建设开发纪念公园。这里挨着天津港,之前并没有带她去过,相信会给她带来一些新鲜的刺激。初春,阳光正好,有许多人在公园里放风筝。小珍珠的注意力全被那些五颜六色的飘浮物吸引住了,已经完全不关心背后蔚蓝的大海。结果那天,我们就在公园里放了一上午的风筝。

回到家里,我在心愿本上添了一条新的打卡记录:陪小珍珠第一次放风筝。至于看海,看来还得再安排一次了。和孩子在一起就是这样,总是会发生一些计划外的事情。但正是这些未知反而会带来惊喜,虽然很多经历她都会忘记,但相信每次体验到的美与快乐都留在了她的记忆深处,不断地塑造着她对美和世界的认知。

作者：范露露，微博母婴育儿博主@花花美志。目前在日本，艺术博士在读，艺术专栏撰稿人，日文译者，插画师。经历过从艺考到艺术博士，希望能帮助更多家长对孩子进行艺术启蒙、家庭美育。

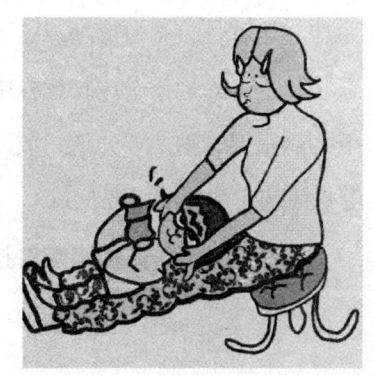

如何应对孩子的绘画敏感期

2岁多的小花开始表现出对身边事物的好奇，从怕水到爱水，从害怕小鸟到见到它们就忍不住地兴奋，甚至会跃起身来想要追上小鸟。她也有了动手画画的冲动：不光会捡起树枝在地上画，洗完澡在镜子哈气上画，还会把水洒到桌子上在桌子上画，开始四处涂鸦。她的喜怒哀乐也越来越丰富，看到电视中离别的场景都会难过地流下眼泪。我开始意识到，小花的"绘画敏感期"到来了。

孩子在2~5岁会对大千世界产生浓厚的兴趣，有强烈的描绘意愿，这就是绘画敏感期。这个时候，家长就可以给孩子做艺术启蒙了。这不光是孩子成长过程中重要的表达方式，也是培养孩子感受力的重要时期。要知道，敏锐的感知力是创造的原点，而创造力是孩子不可或缺的重要竞争力。

我从以下两个方面来应对孩子的绘画敏感期：动手创作与点缀家庭环境。

一、动手创作

小花2岁3个月之后，渐渐摆脱了用嘴啃东西玩的习惯，我就开始给她马克笔、油画棒，让她自由涂鸦了。

刚开始她喜欢反复地左右摆动笔尖来画画，后来会从纸的最上端向下拖动来画，但她最喜欢的还是画点。她会把笔腾在空中不同的高度，突然下降，手起点落。

其实，这是小花在探索和尝试她手上的工具，也是一个发挥创造力的过程。

后来，小花的涂鸦升级了，她会去画一圈圈像水中涟漪似的、大圈套小圈的图样。图形渐渐地丰富，这不仅表达出孩子对周遭事物的理解，也表现出她控制画笔的能力越来越好了。

直到有一次，我正在陪她玩，她拿起了一支黑色的记号笔在一块硬纸板上画下了一幅全家福。虽然她把大家画得有的像香肠，有的像口袋，有的像虾米，但她还画出了大家的眼睛、鼻子、嘴、胳膊和头发。

在孩子还说不出太多词语时，能用手中的画笔来表达自己的想法,描绘自己的观察,是件多么快乐的事啊!

我们还会用各种材料来画画,比如用滴管滴,用吸管吹,用不同颜色的材料来拼贴,用黏土来捏。

孩子喜欢涂鸦,更喜欢用这些平时生活中会用到的工具来创意绘画。

用到许多材料来创作时,需要我们家长提前想好作画步骤和清洁方案。虽然会有一点辛苦,但是这些活动能够综合提高孩子的动手能力、创想能力,付出也是值得的。

记得有一次,我和小花在楼下玩花朵拓印,从收集植物到组合排列画面,再到晾晒,孩子全程参与,忙得不亦乐乎。从那以后,她一看到植物都若有所思,遇到新奇的植物还会伸手去捡,也会要求我帮她收藏,理由是"说不定以后画画能用上"。

经过这些活动,小花变得乐于尝试了,她更加热爱周遭环境,也更爱动手了。

二、点缀家庭环境

比起作品输出,扎实持续的美感素材的吸收更重要。生活是最好的美育素材,只需要多加留心、稍加点缀,便可以让孩子拥有更加敏锐的感觉。

想要锻炼感官的敏锐度,在生活中有很多可以借助的东西,大自然是最好的素材。此外,还可以通过体会食物以及家居装饰来锻炼孩子的感官敏锐度。

以前在送小花去上幼儿园时,我总是会忽略身边的风景。在去幼儿园的路上，我也只是沉默或催促孩子让她快点走，导致孩子总是喊累让我抱她。

后来我们把从家到幼儿园的路程设计了不同的路线，可以看到不同的"景点"，下了楼就和她商量我们第一站是去亭子看太阳，还是在沿路的花丛找漂亮的植物。

而且，我通常会这样跟孩子搭话："小花，你看冬天的叶子干枯了，落到地上踩起来是脆脆的。"

"小花，看呀，水上漂浮着一片羽毛，倒影竟然是一道彩虹。"

小花也会应和道："真的呀！"

渐渐地，她会在路途中主动说话："看呀，妈妈，这里有一片落叶。""看，妈妈，是月亮。"

就这样，去幼儿园的路上也成了发现之旅，一路上欢声笑语，分享彼此眼中的美和新奇。

美食是生活美学的重要部分。它本身也是一种艺术，我们从观察食材的颜色开始。

有一次，家里正好有胡萝卜和橙子，在切开之前，我们母女俩比较了起来。我问小花："小花，你看，这都是什么啊？"小花答道："橙子、胡萝卜。"我接着问："那它们都是什么颜色的呢？""嗯，都是橘色。"我接着问："虽然都是橘色，但你有没有觉得它们的橘色有什么不同呢？"小花仔细地看了看说："没有。"我装作也在思考的样子说："你看，同样是橘色，胡萝卜是不是有点发绿，而橙子的橘色有些发红……"小花像煞有介事地回答我："胡萝卜的上边有绿色。"

我想，这样的观察能给孩子种下一粒种子，让孩子用自己的眼睛发现这个美丽的世界。

鲜花也是低成本但能很好地锻炼孩子美感的素材。孩子3岁左右，我开始在家里装饰鲜花。一开始，我也犹豫这样是不是有些奢侈，但后来的体验让我觉得，这样做有很多意想不到的好处。

在家里放置鲜花，一开始，小花总会去搞破坏，总惦记着趁我不注意去拉扯花瓣。但当她看到我精心照顾花朵，每天剪枝换水，她仿佛知道该怎样爱护这些植物了。更意外的是，她从破坏花朵到去闻花香，学会欣赏花朵的转变。

后来我们出去吃饭，有的饭菜上有花朵装饰，别人都不会去看一眼，而小花却十分感兴趣，会拿着小花朵，怜爱地把它捧在手心。

花朵枯萎后色彩质感的变化和花朵颜色搭配的可能性，带给孩子更多体验美感的机会。

这就是我和小花的艺术启蒙活动，比起让孩子较早地学习绘画技艺，我更推荐让孩子在生活中积累丰富的感官体验，打磨感知力，比如留心生活、"行万里路"等，因为只有接收美感的感官足够敏锐，才能表达出真挚、有创造力的内容。

我深信坚持美感的教养可以提高五种重要的能力，它们分别是生活力、好奇力、思考力、运动力、观察力，从而对孩子的身心发展起到重要的推动作用。美感是最好的家教，每个家庭都行动起来吧！

作者：陈斯琦，微博教育博主@大琦琦小乐乐，曾就职于世界500强央企。曾经的电力人、培训人，现在的财务人、注册会计师。坚持1000天，每天早晨4点起床读书、学习、思考。5年时间，从坝上走到城市，从迷茫不知所措到自信笃定，从小白到全日制会计专业研究生、注册会计师，现任财务负责人。在经历很多跌宕起伏后，实现了人生的转行。

如何为孩子创造家庭英语学习环境

上学的时候，我特别喜欢英语。每天早晨五点半都会准时出现在操场的小树林里早读，风雨无阻、雷打不动地坚持了四年。

生娃后，我对教育有了更深的理解和感悟，在亲子陪伴中得到了更多的灵感和启发。于是，从乐乐出生，我们的英语启蒙之旅就开始了。如何在家庭中创造英语学习环境，成为我一直思考的课题。通过几年的实践，乐乐已经初步实现了我预期的设想。创造英语学习环境的过程中，我们经历了以下几个阶段。

一、实物对应,积累名词

在这个阶段,我们主要用到的是英语绘本故事、识物图片和分级阅读的初级绘本。

比如著名的英语绘本故事 Brown Bear, Brown Bear, What Do You See?(《棕色的熊、棕色的熊,你在看什么?》),那个时候我们经常利用这本绘本做小游戏或唱歌,乐乐也由此掌握了基本的颜色和动物。

对于实物图片,每天我俩都会对着图片玩指认的游戏。当然那个时候的他,都是听我自言自语。

What's this?(这是什么?)

It's a toy.(它是个玩具。)

What color is it?(它是什么颜色的?)

It's blue.(蓝色。)

诸如此类的对话,每天都在进行。这些简单的句型,加上大量生活词语的套用,通过不断的复现,乐乐积累了一些基础词语,也能够实现实物的对应。

之后,通过分级阅读的初级绘本,我带乐乐认识颜色、动物和日常生活用品,然后不断地在已知区域进行拓展。

二、儿歌,嗨起来

掌握了基础的生活词语后,我们开始了儿歌的学习。对于儿歌,我们不仅是听和唱,更重要的是在生活中和乐乐玩起来。这样,一些比较难的词和短语,就不知不觉地在生活中学会了。

比如,我们在听 *Jack in the Box*(《盒子里的杰克》)这首英文儿歌的时候,开始乐乐不太感兴趣,我也不知道怎么才能融入。正当我一筹莫展的时候,看到乐乐正在摆弄他的磁力片。于是我灵机一动,就用磁力片和他来切入。

我随手拿起几片磁力片,拼了个小房子,然后找了几块他喜欢的动物拼图放入小房子里。

这下,乐乐有了兴趣。

我一边比画着小房子,一边用夸张的声调对他说:"Lele, Let's make a magic box."(乐乐,让我们做一个魔法盒吧。)然后我们一起用磁力片拼了一个正方体的盒子。

我指着他的拼图说:"I have many lovely animals. And I will hide one of them away." "Close your eyes."(我有许多可爱的动物。我将要藏起来一个。闭上眼睛。)

"OK!"(好。)

我偷偷看到他偶尔偷看的样子,好可爱啊!我将一片大象的拼图放进盒子之后对他说:"Open your eyes. Can you guess who is in the box?"(睁开眼睛。你能猜到谁在盒子里吗?)

"Is it an elephant in the box?"(是大象在盒子里吗?)本以为他会不知道怎么回答,结果他一下就回答对了。之后,我和他变换角色,让他来藏。全程没有障碍,他都能够理解,而且一直让我"close your eyes"(闭上眼睛)。

这个游戏我们玩得很嗨,乐乐一直不停地换动物拼图并唱儿歌,完全没有了最开始的畏难情绪。

之后，我们又改变了歌词，通过替换练习来拓展同类名词。

我把自己蒙在被子里，对乐乐说："Mum is in the quilt."（妈妈在被子里。）

乐乐很识趣地接着唱了下去："Also still. Will you come out?"（也是，你要出来吗？）

"Yes,I will!"（是的，我要出来！）我突然从被子里跳出来，一把抱住他。这时乐乐已经乐得合不拢嘴，一直嚷嚷着再来一次。

在整个过程中，乐乐玩得非常高兴，英语对于他而言不是一种学习，而是和妈妈在一起最温馨的时光。

我又拿出他的手套、帽子、拖鞋和盒子，把动物拼图随机藏起来，让他猜在哪里。我问他："Is it in the mitten?"（它在连指手套里吗？）"No!"（不在！）我一边说，一边帮他打开手套。

之后，我又把动物拼图藏在其他几个物品中，这下他就能够用"Yes/No"（是／否）回答了。玩得不过瘾，我们又互换角色，让他来藏。我故意猜错，让他运用"Yes/No"（是／否）来回答。

在这种互动中，乐乐不仅能理解儿歌的内容，还能运用一些句型，更能在相应的情景中自主地唱出来。

孩子就是孩子，要尊重孩子爱玩的天性，用他感兴趣的方式"玩"就是最高效的。用孩子日常玩的玩具做游戏，孩子就会感兴趣。因此，家长需要多留意身边的资源，多与孩子的兴趣贴近，做生活的有心人。

再如，我和乐乐一起"玩"*Little mouse*（《小老鼠》）这首儿歌，后来在路上我们看见一辆车，我会对乐乐说："Watch out, there is a car in sight!"（小心，前面有辆小汽车！）

三、把动画片搬到生活里

通过"玩"儿歌，我们又一起掌握了常用的动词和短语。随着孩子认知的不断提高，我又给他引入了适龄的动画片。

在这个阶段，乐乐已经能听懂很多，但是还无法大面积地输出，可能还是跟他互动得比较少，这是妈妈的功课，需要认真并且花时间去做。我们可以利用孩子喜欢过家家的窗口期，多创造双向交流的机会，这需要妈妈做孩子的伙伴，和孩子一起成长，不断引导和反馈。

动画片《小猪佩奇》里有一集是关于猪爷爷带着佩奇和乔治种种子的故事。那段时间，乐乐很喜欢看花，可能跟爷爷天天带他去公园玩有关系。正好动画片《小猪佩奇》里有一个种花的片段，我想怎么才能把它用在生活里，让孩子有更深刻的感受和体会呢？

于是，我在网上买了向日葵、牵牛花的种子。我还提前给乐乐埋下了伏笔，告诉他我们可以像小猪佩奇一样种花，他开心极了。

之后的几天，乐乐天天盼着种子的到来。

种子终于到了，我俩小心翼翼地把种子取了出来。

"Lele, Let's dig a hole."（乐乐，让我们一起挖个洞吧。）乐乐伸出小手，在小花盆里戳了一个小洞。

我接着说："Pick a seed, and put the seed in."（拿起一颗种子，把它放在里面。）他拿起几颗小种子，轻轻地放进了洞里。

"Ok, then cover it with the earth. And we need to water it."（好，

给它盖上土,并且我们要给它浇水。)接着,他拿来了小喷壶,先是把种子轻轻地盖上土,然后在上面喷水。在整个过程中,我看到他一直在默默地重复我说的话。我相信他已经完全理解了这个过程。

后来我们又种了一次草莓。这一次,乐乐已经能够自己种植草莓,说出种植的全部过程。

在玩的过程中,想办法通过具体化,把未知区域变成已知区域,这样才能实现孩子的螺旋式上升。

四、走出去,在玩中学

除了听儿歌、看动画片,在我们日常英语启蒙中还有很重要的一个环节,就是亲子阅读。

随着阅读的不断深入,我们遇到一些比较抽象、难理解的话题。随着孩子认知的提升,我们的话题也从虚拟类的故事拓展到了非虚拟类的一些科普。

根据这些绘本的内容,我会有意识地安排一些户外活动和一些生活实践。

比如,我们阅读 Where Things Grow(《它们长在哪儿》)这本英语绘本的时候,我有意识地帮乐乐约了他的小伙伴一起去实地采摘,在真实的自然中理解植物不同的生长方式。

在去采摘园的路上,我问乐乐:"Do you know where do things grow?"(你知道它们长在哪儿吗?)

"I don't know."(我不知道。)

"Some things grow on trees, some things grow on vines, some

things grow in the ground, some things grow on bushes."（有些东西长在树上，有些东西长在藤上，有些东西长在地里，有些东西长在灌木上。）

乐乐一听就有了兴趣，这正是我们这周绘本内容的重现。终于能看到实物在哪里生长，乐乐开心极了。

那天我们摘了桃子、杏和西红柿，在采摘的过程中，我不断地对他重复："Peaches grow on the trees, and apricots grow on the trees too."（桃子长在树上，杏子也长在树上。）

晚上回到家，我们又重温了这本绘本，并且回顾了我们一整天采摘的趣事。

当我再问他："What did you pick today? And where do peaches and apricots grow?"（你今天采摘了什么？桃子和杏子长在哪里呢？）乐乐已经能很准确地回答："They grow on the trees."（它们长在树上。）

紧接着，我又趁热打铁，准备了一些不同蔬菜水果的卡片，通过这一主题进行了横向拓展。

这样一来，水果、蔬菜方面的词语也得到了极大的丰富。更关键的是，这些词语不仅是印在书上的知识，而且来自现实的生活。

五、用好睡前半小时

英语启蒙，建议遵循听说先行的原则。在前期的学习过程中，乐乐的英语听力输入除了儿歌以外，基本上都是我的口语输入。但是我认为，是时候让他听更丰富的语音材料了。

在睡前安排听力和讨论，效果特别好，听力适合在安静环境下进行，睡前这段时间特别好。

我选择的是已经看过的动画音频。

从视觉转向听觉，对于孩子而言，是一个不小的跨度。如果说在看动画的过程中可能会有看热闹的嫌疑，那么单纯听音频就基本排除了这个可能性。如果孩子听不懂，是很难进行下去的。

一开始，乐乐很不买账，我觉得单纯的听力对他来说是很有难度的。后来，我们就一点点地拆分情景。我一边提问，一边回答，之后还重温了听过的动画，帮助他更好地理解。

经过几集的适应期，乐乐已经能够接受在睡前安静地听音频，而且渐入佳境。每天只要一关灯，他就会催着我让他听。真正实现了从"我不听"到"我要听"，这也为他后来大跨步的进步奠定了很好的基础。

在创造英语学习环境的过程中，我时刻感受到，妈妈的努力决定了孩子的能力上限和成长速度，因为很多方法和技巧都隐含在我们的日常生活中。比如，在阅读比较难的绘本时，乐乐的注意力不集中，我认为主要还是因为他有些不太明白。毕竟这是孩子蹦蹦才能够到的难度，所以家长要有耐心。技能的掌握是呈螺旋式上升的，在可理解的基础上不断拓展认知边界，不必要求一开始就很完美，只要开始，就已经走在正确的路上了。

最后一点最重要，要给孩子慢慢成长的时间，亲子关系胜于一切。当孩子不愿意配合的时候，想办法用他能够接受的方式带他"玩"。如果孩子对我们准备的一些活动不感兴趣，我们要及时调整。活动只是形式,时刻认准目标,你的目标是语言的应用,只要完成目标就好。

希望孩子都能在快乐的环境中习得英语,不仅学到知识,还拥有妈妈的陪伴和满满的爱!

作者：花牛妈，微博博主@花牛双语育儿，毕业于浙江大学，硕士学位。擅长在普通"纯中文家庭"内部开展儿童英语的"类母语"启蒙。3岁时女儿小花牛的英语就达到了"类母语"的程度。已完成500户家庭的英语学习咨询。

提前学英语，掌握学科安排的主动权

嘟嘟5岁的时候，我生完二胎没多久，还要装修房子，每天特别忙。眼看着他还剩下不到一年就要上小学了，我意识到幼小衔接的问题已经不能再拖了。与很多妈妈一样，虽然我和孩子每天都住在一个屋檐下，但是我有很大一部分的时间、精力都被其他事情占据，我能陪伴嘟嘟学习的实际时间其实非常有限。

"工欲善其事，必先利其器。"在正式动手之前，我打算先对语文、数学、英语三门学科的幼小衔接次序进行规划。于是，我翻阅了一些资料，对小学阶段语文、数学、英语三门学科的特点有了大致了解，明白了语言发展存在黄金期。经过思考，我决定把大半年的主要时间和精力放在英语启蒙上，以掌握学科安排的主动权。

一、为什么要安排英语提前学习

目前的科学研究发现，语言的学习存在黄金期。一般认为，语言的黄金期是从出生至7岁这一时间段。处于黄金期的孩子对语言的敏感性高，随着年龄的增长，孩子对语言的敏感性会逐渐减弱，在12岁，黄金期的作用将慢慢消失。

我想，既然黄金期不容错过，无论未来孩子走体制内路线还是走国外留学路线，英语迟早都是要学的，那不如主动抓住黄金期，以求达到事半功倍的效果。

于是，我迅速买齐了英语启蒙的初级材料，动手启蒙嘟嘟的英语。很快我就遇到了问题，由于当时嘟嘟已经5岁了，母语的认知已经比较高，他也已经习惯了用母语去沟通和思考，因此，他会本能地屏蔽英语，不接收英语的信息。

可我当时并没有气馁。我的想法是，幸好啊，虽然与三四岁的孩子相比，他启蒙的年龄是大了点，但是与六七岁甚至更大年龄的孩子相比，我们仍有机会抓住黄金期的尾巴，还是很幸运的。

有一句话是这样说的，英语的学习多早都不算早，多晚都不算晚，英语学习的最好时机就是现在。

于是，我非常有耐心地跟孩子一遍遍、一本本地进行原版英语阅读，听原版音频，慢慢地，孩子对英语有感觉了。

那阵子,虽然我一直都很忙,但是只要一有时间,我就带着嘟嘟一起学英语。付出终有回报,我们的整个启蒙进展得还比较顺利,大约半年以后,嘟嘟的听、说、读都取得了不错的进步。这个时间,刚好赶在小学一年级开学前3个月,我松了一口气,可算是完成了英语启蒙的初步计划了。

二、英语的提前学习,为学科安排掌握了主动权

很快,小学一年级开学了。开学没几天,班里举行了新生家长会。会上,语文老师和数学老师讲了上学期的学科安排,和我预想的差不多。

接着是英语老师上场,英语老师一上来就问了大家一个问题:在入学前,对孩子进行了英语启蒙的家长请举手。唰唰唰,几乎全班家长的手都举起来了,只有一位家长没有举手。英语老师不放心地确认了一遍:是一点都没有学吗?这位家长点点头说,一点都没有。

说实话,我替这位家长捏了一把汗,在全班孩子的英语都有一定基础的情况下,这个孩子会不会因为同伴压力而产生一丝自卑,老师会不会考虑到大多数孩子的基础拉快教学进度?如果这个孩子产生了自卑感,他如何去自我化解呢?

得益于网络资源发达,现在孩子的英语学习模式已经不同于以往。在入小学之前,很多孩子的英语都已经得到不同程度的启蒙,这些孩子入学的时候能毫不费力就进入英语学习的状态,校内英语对他们来说是小菜一碟。

但是仍然有不少家庭,由于各种各样的原因,对孩子的英语不

够重视,等到发现孩子英语成绩一塌糊涂的时候,才开始着急。

我认识一些这样的家庭,前几年家长没管孩子,等到四年级了,孩子的英语已经在及格线附近徘徊。这时候,家长才意识到不管不行了。年级越高,科目难度齐刷刷地上升了,在各科压力的夹击下,家长的心态绷不住了,开始吼骂孩子。说实话,孩子挺委屈的。

好在不同年龄的孩子都能学英语。学前提前学英语并不是超前教育,因为学语言的道理都是相通的,3岁的孩子能学会说中文,3岁的孩子也能学会说英文。只要规划好,每个孩子都能树立起学好英语的自信心。

如果提前把英语的框架搭建好,当深度学语文和数学的年纪条件差不多具备时,英语就不再需要投入大量的时间和精力,那么空出来的时间就可以给语文和数学了。最重要的是,如果英语没有提前学,不但错过了黄金期,而且会因为不够重视,慢慢变成耗费较多时间的学科,这样的规划非常被动。

只要下功夫,部分孩子可以在学前达到高中英语水平,主动权更大,如果未来想走国内高考路线,那么正式上学以后只要坚持学英语即可;如果未来想走出国路线,那么可以在之前的基础上进一步学习,总之不会受制于英语。

嘟嘟在上小学以后,英语考试每次都是轻松地拿满分。他也并没有因为英语好而在英语课堂上不认真。相反,正因为他对英语的敏感性非常高,老师布置的英语作业,他总是在课堂上就轻松完成,不需要在放学后再花时间。

鉴于他在英语学科上的优秀表现,学校还颁发了"国际素养奖"

给他，给了他很大的鼓励。

由于英语已经打好基础了，平时我们有大量时间保证语文和数学的学习。同时，我们并没有停止脚步，平时只要有空闲时间，我们仍然加强英语的学习，因为初中和高中的学习只会越来越紧张，相比较而言，小学阶段的时间还是比较宽松的。

因此，只要提前把英语学好了，打好了基础，不管未来走什么路线，几门学科之间的时间和精力分配都会游刃有余。

作者：张志红，微博教育博主@可乐汉堡亲子英语，毕业于中山大学。自2016年开始在儿童英语领域深耕，陪伴数千个家庭英语启蒙。受到微博大V@写书哥邀请，做英语启蒙分享。英语启蒙干货被行业标杆小花生网微信公众号转载，多次被官方微博转发。孩子可乐6岁半时英语阅读能力达到GE 5.1，相当于美国5年级学生水平。

孩子看英文动画片，是在看热闹吗？

在可乐2岁多的时候，过年我们带他回老家。小小的他，坐在那儿专心地看动画片 Maisy（《小鼠波波》），看得津津有味。家里的亲戚看到了，都很惊讶地说："这动画片是全英文的，他能看懂吗？不会是在看热闹吧？"

很多人怀疑孩子看英文动画片是在看热闹，其实不然，英文动画片用好了，能让孩子的英语启蒙有事半功倍的效果。具体怎么做，才能确保孩子不是在看热闹，而是真的能学到英语呢？

一、选动画片

英文动画片太多了,怎么选呢?我给可乐选动画片,有两个原则:一是难度合适,这样有利于孩子不断进阶;二是孩子喜欢、感兴趣,因为兴趣是最好的老师。

《小猪佩奇》太有名了,很多家长一上来就给孩子看《小猪佩奇》。其实,《小猪佩奇》是有难度的,并不适合零基础的孩子。零基础的孩子应该选择更简单的动画片。所以,我给可乐选的第一部动画片是《小鼠波波》。看完《小鼠波波》,再接着看《小猪佩奇》就完全没问题了。

《小鼠波波》这部动画片改编自英国著名插画家露西·卡森的同名儿童绘本。小鼠波波温顺可爱,有点小迷糊,每天都和她的好朋友一同玩耍。

小鼠波波玩一根棍子,都可以玩半天,真的与两三岁的可乐一模一样,太贴合孩子的日常生活了。这个动画片的语速比较慢,又很有趣,画面干净,就算孩子是零基础,也能根据画面看懂情节。

所以,只要动画片足够简单,就不怕孩子看不懂。只要动画片足够有趣,就不怕孩子不爱看。

二、看动画片

一部动画片,如果孩子完全能看懂,完全能听懂,那就没必要再给孩子看了。其实,最佳状态就是从不懂到懂。

孩子刚开始看一部动画片,还不太能听懂。他借助画面来理解情节,同时保持其他渠道的立体输入(如亲子阅读、听音频)。看着看着，他就完全能看懂，听懂了。恭喜你！这说明孩子进步了！

可乐看《小鼠波波》，一开始他听不懂，看着看着、听着听着就完全懂了。到最后，他能听懂音频。

那么，怎么判断孩子是不是懂了呢？最简单的方法就是问孩子问题！

比如，有一集讲小鼠波波去找小朋友塔卢拉玩，从画面上是看不出来塔卢拉是否在家的。但是，如果孩子听懂了动画片里的英文旁白，孩子就能知道塔卢拉不在家。

所以我问可乐："Is Talullah at home?"（塔卢拉在家吗？）可乐回答："No."（不。）这说明孩子懂了！他不仅看懂了画面，还听懂了英文旁白。

你看，孩子都能听懂旁白了，那么看动画片就不再是看热闹，而是非常有意义的英语启蒙了。

三、听动画片

很多人以为给孩子看完动画片就可以了。其实，看完动画片以后，更重要的是如何落实到听。

小孩子在看动画片时，更多的是关注画面。听音频有助于集中精力，积累听力词汇，提高听力水平。所以，培养孩子听动画片音频既是精髓，又是法宝，一定要把握好。

可乐爱上听音频，是一个什么样的契机呢？有一天，可乐捧着奶瓶，躺着喝奶，我试着让他听《小鼠波波》的音频，他听得很入迷！他听了一集，还要听下一集。从此，他开启了美妙的英文音频之旅，每天必听。

怎么知道孩子有没有专心在听,有没有听懂呢?最简单的方法还是问孩子问题!

这里举三个例子。

【例子一】可乐很爱听《小鼠波波》中的《农场》那一集。有一天,听到"one apple, two apples"(一个苹果,两个苹果),我暂停播放器,问可乐:"波波在摘什么呢?"他说:"苹果。"这说明他在专心听,而且能听懂内容。

【例子二】 我给可乐听《小猪佩奇》第四季音频。听到 Night Animals(《夜行动物》)那一集,我问他动画片里的内容:"Is firefly night animal?(萤火虫是夜行动物吗?)Is moth night animal?(飞蛾是夜行动物吗?)Is rabbit night animal?(兔子是夜行动物吗?)"可乐都能回答出来,我知道他听懂了。

【例子三】听到《小猪佩奇》Flying on Holiday(《坐飞机去度假》)那一集,我问他:"What did Peppa take with her?[小猪佩奇带了什么东西去(度假)呀?] What did George take with him?[乔治带了什么东西去(度假)呀?]"同样,他回答得准确无误,我知道他听懂了。

如果孩子已经能听懂动画片的情节了,那么听动画片音频就是很好的有效输入了。

四、用动画片

动画片里的用语都非常地道。孩子学会了就能用在自己的口语中。有心的妈妈们可以先给孩子看动画片,然后把经典用语记下来,用在与孩子的亲子游戏、亲子互动中。

这里举三个例子。

【例子一】有一天晚上,我和可乐一起听《小猪佩奇》第四季。其中听到 Captain Daddy Dog(《船长狗爸爸》)那一集,有一句:"I can bang it louder."(我能敲得更响。)我突然想起,前几天可乐在家里敲鼓时,他说:"I can bang it louder."当时我还纳闷,我没跟可乐说过这句话,我们也没在哪本书上读过。原来出自《小猪佩奇》!我觉得特别惊喜,孩子能把动画片中的句子恰当地运用在口语中,是对动画片最大的消化吸收。

【例子二】我发明了一个小游戏,我说:"Are you ready?"(你准备好了吗?)然后可乐激动地说:"准备好了!"我说:"The wind is strong."然后我猛力吹他。他就乐得直打滚,说:"吹我的屁股。"哈哈!每次他都主动要求玩这个游戏,说:"吹风那个。"我就知道他要玩这个游戏了。其实,"The wind is strong."这个句子是我在《小鼠波波》动画片中的一集 Boat(《船》)里面学的,这个句子很好,我就用起来了。

【例子三】我在《小鼠波波》动画片中的一集 Gingerbread(《姜饼》)里面,学到了一个很好的短句"Good catch."(接得好)。有一天,我在家里发现了一个球和一个球拍。这个游戏可以两个人玩,一个人扔,另一个人用球拍接,球拍可以牢牢地粘住接到的球。于是,我和可乐就玩了起来。他扔,我在一边说:"You throw it away."(你扔球。)我一边接球,一边说:"I catch it."(我接球。)如果接住了，就欢呼："Good catch."（接得好。）可乐很爱玩。

英文动画片是对幼儿进行英语启蒙的一个非常好的资源。选动画片，看动画片，听动画片，用动画片，只要做好这四步，你就再也不用担心孩子看动画片是在看热闹，再也不用担心这是无效输入了。利用好英文动画片，能让孩子的英语启蒙有立竿见影的效果。

作者：刘玉霞，《新概念英语》资深讲师、英语师资培训班讲师、正面管教家庭教育培训师，英语教育博主，小红书等知名教育平台认证教育博主，微博博主@Lisa老师教英语，原北京新东方教育集团优秀教师，从教16年，教学风格麻辣幽默，擅长英语提分、单词速记，曾带过三届北京市中招状元，全网学子10多万人。

《新概念英语》过时了吗？

一、发小的疑虑

多年没有联系的发小给我打电话，说："哎呀，怎么办呢？我儿子马上上一年级啦，想学好英语，到底该选什么教材呢？请你这英语专家给指导指导？"

我说："别抬举我了，专家不敢当，孩子想学好英语，那还不简单？先学会26个英文字母，然后学会自然拼读和音标，平时多看英文动画片。把《新概念英语》第一册啃完，英语功底肯定不会差。"

谁知，发小一听到《新概念英语》，就说："我听别人说，《新概念英语》过时啦！很多人不再学了。"

我说："我英语专业毕业，在北京新东方教育集团工作期间就教《新概念英语》，到目前已经教了16年。所以，对于这个问题，我还是有发言权的，知识没有过时一说，《新概念英语》作为经典教材，已经盛行了30多年，是有道理的。你手边有《新概念英语》吗?

发小不好意思地笑了笑，说没有。

我说："你这个人呀，连一个人的真容都没有见过，就判定人家不好，这《新概念英语》要是个人，该多伤心、难过呀。现在我跟你说说《新概念英语》这本书吧，让你先对它有个简单的了解。

发小回应："你说吧，我拿小本子记下来。"

我说："你倒挺认真。"

发小答："为了孩子，当妈的必须时刻学习。"

我说："我接下来要说的可能有些枯燥，但你要耐着性子听完，先对教材做个简单的了解。《新概念英语》是由世界著名语言教学权威者亚历山大和英语教授何其莘博士为中国的中小学生和英语零基础的成年学习者编写的一套英语教材。在原版教材盛行的今天，《新概念英语》依然作为经典教材，广泛流传。

"这套教材一共分为四册。第一册最为经典，一共144课，其中单课部分都是日常的简单对话，实用性强。因为第一册的学习者都是英语零基础的小学生，所以安排了双课的补充练习。

"第一册约有1000个词汇量。语法包括基础时态，比如一般现在时、现在进行时、一般过去时、现在完成时等8个常用的时态，还有常用的宾语从句、定语从句、条件状语从句及常考考点被动语态,而且知识点的难度是循序渐进的,孩子不会觉得很难,即使零基础,孩子学起来也容易。"

我说完这些,电话那头没有声音了。

我问:"喂,你在听吗?不会睡着吧?"

发小回答:"你才睡着了呢,这太烧脑了,我正在做笔记记呢,你接着说。"

我说:"你要有毅力的话,就让你儿子学习《新概念英语》第一册,把第一册学完,每篇课文都背会,掌握单词、词性、时态、简单句、从句。基础打得好,那小学阶段英语不会太差,有了这个基础,将来无论是参加中招、高考,还是四六级、考研、雅思、托福等考试,再往高阶学也会很容易。"

发小说:"听你这么一说,我还真是心动,我马上买《新概念英语》,让孩子学起来。"

我说:"你还是那么冲动,你先做好规划,孩子才能坚持下去呀。"

发小笑着说:"我真的很急,恨不得明天就让孩子开始学。"

二、新概念英语的使用方法

我继续说道:"为了学起来更顺利,你还需要有工具。"

发小问:"啥工具?"

我答:"这涉及的内容很多,要用好《新概念英语》,需要注意很多细节。新概念适合国内走应试路线的零基础学习者。这本教材并不适合做英语启蒙,如果是小学之前的孩子,我一般会建议在启蒙阶段多听,多说,多输入,可以使用原版教材。但是一旦上了小学，决定走应试路线，那就要按部就班地学习《新概念英语》。

"孩子在学习《新概念英语》之前，要有一定的英语基础。比如：学会音标，词汇量在300个左右，能听懂并说出基本的英文日常会话。接下来孩子的学习之路就开启了。如果自学《新概念英语》，资源很多。但前提是要有很强的自制力和意志力！我的建议是：

"第一，先把音标学会。因为遇到生词和背诵单词都需要用音标拼读，而且用音标拼读，单词发音也标准。在单词后面标记汉语，只会让英语发音越来越糟糕！

"第二，学会了音标之后，准备好书和练习册。每天抽出50分钟，自学两课，认真做笔记，学完之后，利用练习册上的练习题来巩固知识点，以达到查漏补缺的效果。《新概念英语》的课文要求背诵，可以用课后翻译来做辅助。

"第三，把握每课的知识点，把知识点弄懂。我分享一个实用的方法，对于《新概念英语》每课的知识点，看双课的标题。一般，双课的标题就是每课的重点。

"第四，要复习。新课学习之前，要复习已经学过的内容，不然的话，会忘记。孩子的记忆力很好，学完两课之后，家长可以督促孩子把课文背下来，这样一来，孩子的英语基础打得很牢固，即使课文里的语法现象理解不透彻，但是只要课文能背下来，也就积累了英语的语感。长期如此，英语或有较大的进步和提升，例如，有的人就靠背《新概念英语》课文考上了北大。

"第五，要注意，孩子还是喜欢记有趣的东西。所以在背《新概念英语》课文的时候，不能死记硬背，我推荐一个趣味碎片化背课文的方法。首先，孩子先看着动画跟读几遍。接下来，家长循环播放动画视频，让孩子无意识地多听。孩子听到熟悉的地方，就会不自觉地跟读几句。最后，让孩子看着翻译把课文用自己的话复述出来，这样就可以了。当然家长也可以鼓励孩子，或者和孩子一起互动，把课文的内容表演出来。这样，孩子背得更快，也更愿意背。

"第六，最重要的是要坚持，学习任何一项技能都需要时间的积累和反复的练习。不要急功近利，需要静下心来，毕竟大事情都需要慢慢地做。

"总之，不管是自学还是跟着老师学，先开始，再调整。建议小学生在小学阶段把《新概念英语》第一册学完。有能力的、基础好的孩子可以把《新概念英语》第二册学完。小学阶段，学习科目度不多，孩子有精力，有时间，若孩子打好了基础，到了初中学英语就不那么吃力。不然的话，到了初中，学习科目增加，再让孩子学《新概念英语》，时间和精力都会明显不足。"

发小说："太感谢了！你说得很详细。我先去买书，让孩子赶紧学起来。我们再联系！"

此后的两年多，我们断断续续地联系着，发小的孩子学了一段时间的《新概念英语》，背了几十篇课文，语法理解起来有点难度。中途几次，孩子也有过放弃的念头。我告诉发小，这很正常，学习的过程不会那么一帆风顺。后来她在我的建议下，找了一个老师继续学习。坚持了两年多，把《新概念英语》第一册学完了。现在，她的儿子上小学四年级，每次英语测试都是满分。她已经给儿子买了《新概念英语》第二册，准备开始学。

第 5 章　入园、入学前的准备，妈妈安排很重要

> 千辛万苦，孩子终于要步入幼儿园或小学，父母又遇到了新的问题。孩子赖床怎么办？孩子自主意识差怎么办？如何抓住孩子养成好习惯的关键期？怎么让孩子从小爱上学习？孩子上幼儿园要做哪些准备？阅读本章，给你不一样的答案。

作者：陈晶晶，微博博主@饼妈说。她既是军嫂，也是两个男孩的妈妈，具有12年教育培训经验，云南大学图书馆学硕士，中科院心理所儿童发展心理学博士在读，亲子教育规划指导师，"清华状元好习惯"品牌联合创始人。

如何轻松搞定"赖床娃"

月饼2岁了，自己的主意和想法慢慢多了起来，也有自己的小算盘了。冬天到了，早上暖暖的被窝让大人都想赖床，小家伙赖床，而且还会问："今天外面冷吗？"

有时候，遇到早上有早教课，奶奶就特别着急，爸爸知道孩子赖床就特别想揍孩子，最后只能眼看着孩子上课迟到。于是，我就慢慢寻找方法。

一、明确起床和睡眠都有三个阶段

家里有孩子的家长都知道,孩子起床困难的情况会经常出现,每天早上,家长催促孩子起床,少则三遍,多则五遍,甚至有时叫了半小时才肯起床。

《中国少年儿童十年发展状况研究报告》显示,有八成的孩子都存在起床困难的问题,其中有五成孩子起床之后还会乱发脾气。这就说明起床困难的娃不止我们家一个。这也足以表明叫醒孩子是一个技术活,想让孩子愉快地起床,不仅要叫醒孩子的身体,还要叫醒孩子的大脑。

怎样才能让孩子不赖床呢?

首先,孩子并不是一到床上就直接呼呼大睡的人。睡眠其实分为几个不同的阶段,也就是从入睡到浅睡眠,再到深度睡眠。入睡有三个阶段,起床同样要经历三个阶段,从深度睡眠到浅睡眠,再到清醒。

假如你叫醒孩子的时候,孩子刚好处于浅睡眠的阶段,他就会非常愉快地起床。但是如果你叫醒孩子的时候,他还处于深度睡眠的阶段,那么孩子就会赖床,怎么叫都起不来,起床之后还会乱发脾气。

很多家长不了解这个原理,早上叫孩子起床的时候,用很粗鲁的方式,比如拉、掐、拖等强行把孩子叫醒,如果此时孩子的大脑处于睡眠的状态,他就会很痛苦,当然就会哭闹耍赖,不配合。

家长知道起床要经历三个阶段之后,那就需要想办法唤醒孩子的大脑。当孩子大脑清醒了，他自然就会主动起床。

从深度睡眠中叫醒孩子，需要给孩子预留足够的时间，让大脑循序渐进地慢慢苏醒。

第一，利用阳光来唤醒孩子。在早上叫醒孩子，最重要的一件事就是要打开窗帘，让阳光照进房间，光线可以很好地刺激大脑，唤醒孩子体内的生物钟。人类从远古时期开始就一直运用这样的方式让自己跟着太阳的规律来调节作息，即日出而作。

第二，利用声音来刺激孩子的大脑。推荐大家用孩子喜欢听的故事、动画片或者孩子特别喜欢的电影桥段的声音来刺激孩子的听觉。我家就是用《功夫熊猫1》和《小叮当》两部经典英文电影的声音作为叫醒孩子的声音刺激。

如果想让孩子在八点起床，故事的声音必须在七点半就开始播放，利用中间的半小时，让孩子从深度睡眠到浅睡眠，最后再到清醒。其实这半小时只是替代了家长各种催促、吼叫等叫醒孩子的方式。

第三，利用需要耐心聆听才能听到的故事细节能够非常好地吸引孩子，唤醒孩子的大脑，带动孩子起床。起床之后，可以让孩子一边听故事，一边刷牙、洗脸、穿衣服，月饼是非常享受这个过程的。当然，如果你用的是动画片或电影视频的声音，那么建议在孩子起床之后让孩子多看5~10分钟的动画片（预留这个时间，以免上学、上班迟到），这样可以稳定孩子的情绪，让孩子有序地把起床之后要完成的任务快速做完。

相信我，孩子一定会爱上这种起床的方式，起床动力十足。

如果家长不喜欢给孩子看动画片，可以尽量选择音频故事。比如，找到动画片对应的音频，放给孩子听。月饼非常喜欢看 50 部经典的英文电影，但如果我在早上不打算给孩子看电影视频，我就播放电影的音频给孩子听。

需要注意，不管是音频还是视频资源，选择时一定要根据孩子的喜好来进行。如果声音内容孩子不喜欢，对于孩子来说就是噪声。比如，有时候我会偷懒，直接打开天猫精灵里面的儿歌或者其他音频故事，结果是叫醒的时间会拉长。

读到这里，你是不是也很想尝试这样的叫醒方式呢？那明天就赶紧试试吧！

> 温馨提示：在使用之前，需要记住三个细节。
> 第一，预留足够的时间让孩子循序渐进地慢慢醒过来；
> 第二，选择孩子喜欢的音频内容；
> 第三，一定要拉开窗帘。

二、和孩子共同进行精力管理

在不了解孩子的情况下，虽然家长生拉硬拽，孩子也会起床，但家长有没有想过孩子睡够了吗？《中国少年儿童十年发展状况研究报告》显示，八成的孩子每天睡眠不足。

孩子入睡的时间是最重要的因素，因为孩子生长素的分泌只在孩子深度睡眠的时候产生。也就是说，假如孩子不处于深度睡眠的状态，生长素是不会分泌的。而孩子生长素的分泌有两个高峰的时间段，分别是在晚上9点到凌晨1点和早上5点到7点这两个时间段。也就是说，在这两个时间段内，最好让孩子处于深度睡眠的状态，特别是3~8岁正处于发育阶段的孩子。如果你家的孩子是晚上10点入睡，那么孩子从入睡到进入深度睡眠，大概需要45分钟到1小时的时间，孩子每天晚上能够分泌生长素的时间段就只有两个小时，也就是晚上11点到凌晨1点。

育儿的办法总会比问题多，只要你愿意，就一定能够找到可行的方法，从而在生活中学习升级，与孩子共同成长。

作者：黎露，微博博主@金融城招财猫。毕业于电子科技大学管理学院，从事过数据分析工作。婚后做了十年的家庭主妇，研究营养、美食、收纳、采购、家庭理财，生娃后开始学习各种育儿知识，尤其是儿童发展心理学，在实践中不断摸索出适合孩子的教育方法。

如何培养有自主意识的孩子

"悠悠，吃饭了。"

"不要，不要，不要，我还不想吃饭！"

"妈妈帮你拿吧。"

"悠悠拿，悠悠拿！"

"来，妈妈给你洗手。"

"我要自己洗！"

在悠悠2岁多的时候，家里总能听到这样的对话。

我在养育悠悠时很矛盾，心里想她快快长大，独立自理，但又担心她还做不到，做不好。

一、培养孩子正确的自我认知

悠悠小的时候，我买了婴儿健身架，健身架上挂着一面小镜子。只要看到镜子，她就咯咯咯地一直笑，简直看不够。从那时她就明白，镜子里看到的就是她自己。

有一次悠悠发脾气，哭得上气不接下气，怎么哄也不行。突然我灵机一动，把她抱到镜子前，悠悠看见镜子中的自己就被迷住了，一个劲儿地"抛媚眼儿"，竟然就不哭了，情绪慢慢地稳定了下来。

小宝宝只能躺着、趴着时，有点无聊，给她放一面镜子，就多了很多乐趣，也可以让她看见自己的情绪。

孩子什么都不懂的时候，需要父母引导。比如，我时常会和悠悠玩躲猫猫。我看着她笑，然后躲到婴儿床的床板后面，过一会儿再钻出头来之后就能看见一个更加开心的小宝宝。再后来，她还会自己拿个小毛巾，挡住脸，跟我玩躲猫猫，我俩看谁躲得快，悠悠慢慢地就养成了自己的"游戏动作"。

镜像交流是让孩子了解情绪的好方法。在排除饿了、尿了、不舒服等情况以后，跟孩子面对面，孩子笑，你也笑，孩子哭，你也哭。她会觉得自己可以控制你，她有开关，你是她操控的玩具。

又有一次，悠悠大哭，我就学她哭，比她哭得还厉害，最终成功地吸引了她的注意力，她不哭了。

二、尊重孩子自主选择，能积极地提升自我

2岁以后，孩子表现出强烈的自我意愿，希望很多事情由自己做选择。这个时候，家长可以给孩子一定范围的选择权。例如：出门要换衣服，准备两套备选，让孩子自己选；出去游玩，先去哪儿，后去哪儿，让孩子自己选；吃水果，吃苹果还是梨，也让孩子来选；去逛超市，让孩子自己去拿两种想吃的蔬菜。

当然，很多时候会遇到孩子不乐意的情况。比如，悠悠出门很喜欢带玩具。有一次，悠悠出门要带一个毛绒玩具，我怕毛绒玩具弄脏了就不好消毒了，不想让她带，但直接拒绝肯定是不行的，怎么办呢？

我蹲下来，拉着她的小手，看着她的眼睛，温柔地说："这个毛绒玩具带出去很容易弄脏，咱们换一个玩具，好吗？"

悠悠摇头，带着哭腔说："我就是要带这个，我想带她出去看一下。"

我想了想，找出一个儿童小背包，对她说："那咱们把它放背包里，好吗？"

悠悠的情绪缓和了下来，点点头，撒娇地说："妈妈给我擦眼泪。"

多几个折中的选择，孩子也会退让。尊重和溺爱，隔得并不远，父母要把握好界限，尊重孩子，及时回应孩子的需求，让孩子在自由探索的同时，学会正确的处理方法。

三、鼓励孩子做家务，关注孩子的自我成长

两三岁的小孩，想法会多了起来。让孩子做家务，能培养孩子的动手协调能力，培养家庭责任感，也让孩子了解自己的能力范围，建立自主感、能力感。

悠悠2岁半的时候，我做家务忙不过来照顾她，就给她买了儿童围裙、儿童厨房玩具、儿童用的小扫把和小拖把。

有时候，悠悠画画，不小心画到桌子上了，我就给她一块毛巾，让她慢慢擦。我切菜的时候，她也站在小板凳上用自己的玩具刀一起切，切够一小碗递给我。扫地和拖地，都是全家一起来。既是玩又是学习，劳动的参与感也能培养孩子的自豪感。

悠悠喜欢玩玩具，玩完了一个，又玩另一个，不会及时整理起来，于是每天出门前、饭前、睡前我都要求她自己收拾玩具。

"妈妈，我想看动画片了。"

"噢，那你去把玩具收好吧。"

悠悠一看好大一堆玩具，皱着眉头说："玩具也太多了吧，我收不了！"

"你自己丢的玩具要自己收哟！"

"呜呜呜，妈妈陪着我收！我要妈妈陪我！"悠悠撒娇地说。

"好吧，妈妈今天陪你一起收！"

过了几天，悠悠又来了。

"妈妈，我要看动画片！"

"你的玩具还没收好呢！"

"哦，好的！"

自己跑去噼里啪啦就收好了，然后爬上沙发等着看动画片。

"嗯，真棒！悠悠可以自己收玩具了！"

为了鼓励她主动，我买了一个好习惯培养板，不同的项目（如按时睡觉、上学不迟到、自己收玩具、认真吃蔬菜等），做得好就有小红花，孩子做起来也积极很多。她也经常自言自语地说："我很棒！"

每周得的小红花还可以兑换成零花钱，孩子出去想买气球，想坐小汽车，就用零花钱，可以锻炼孩子的财商。

好孩子是鼓励出来的，不是打骂出来的。即使很多时候孩子做得不好，家长也要多帮孩子想办法。

四、巧用计时器，培养孩子的自控力

平时出门玩滑梯，或者看见摆摊的玩具，孩子经常玩不够，怎么说都不肯走。

在孩子有数量概念的时候，就可以引入计时器。

"悠悠，看妈妈手机，这里可以选数字！你想选几？"

"我要这个！哦，不对，要这个吧！"小朋友拨了一个"5"。

"好的，那我们五分钟以后就回去了！你看这个数字可以变的，它走到零就有音乐，音乐响了，我们就回家！"

五分钟过去了。"悠悠，时间到了！"

"可是我还想玩一会儿！"

"那你还想玩多久？"

"再玩三分钟吧!"

"好的,三分钟,过来看一下,到时间我们就走哟!"

"好的!"

刚开始还喜欢耍赖,但是通过长期用计时器,能养成一定的时间感,能体会到几分钟是多长,慢慢习惯以后,基本上说几就是几。

从孩子的发展特点来说,孩子需要解决的第一个问题就是要认识自我。孩子大了,就会明白自己和别人的区别,逐渐形成自我概念,有了自我意识。

家长在养育的过程中,要充分了解孩子的发展特点,给予积极的支持,帮助孩子更好地发展。

作者：沫晓皖，微博博主@沫小皖。公众号：三个西城妈妈。哲学硕士，希望和各位家长在育儿教育上擦出火花。

如何帮助孩子克服畏难情绪

在小沫姐4岁左右的时候，我时常为她的畏难情绪感到烦恼。3岁以前，孩子的生活就是吃吃喝喝、玩玩睡睡，而到了4岁，孩子开始接受各种启蒙教育，学习上有了更多的目的性，也有了更高的要求，畏难情绪随之而生。

比如，我上班出门前给她一首古诗，让她白天在家把诗背会，她马上会说："诗太长了，我不会。"给她布置练琴任务，她也会说："这首曲子实在太难了，我弹不下来。"无论做什么事情，小沫姐都想依赖大人。"太难了,我不会,我肯定不行的……"这些是她挂在嘴边的口头禅。

一、陪伴孩子分解目标,立即行动

人的一生都会伴随焦虑和恐惧,即便是大人遇到挑战,畏难情绪也会如影随形。我查阅育儿书,翻看育儿博主文章,开始有意识地寻觅帮助孩子克服畏难情绪的办法。

古人有句话:"天下事有难易乎?为之,则难者亦易矣;不为,则易者亦难矣。"如何克服畏难情绪?首先就是要"为之",要行动。那么如何行动? 职场上,行动导师会教我们将目标先拆解、细分,然后循序渐进,树立信心,最后战胜困难,并持之以恒。

我开始在小沫姐身上做小小的尝试。过4岁生日的时候,我给了她一套识字卡片,说:"希望宝宝在这一年能学会识字,以后爸爸妈妈工作忙的时候,你就可以自己带着爷爷奶奶去书店看书了。"

我家附近有一家咖啡书店,里面有专门的少儿书馆,那是小沫姐最喜欢的地方。但每次只有我和爸爸去陪着她读才行。

小沫姐果然面露难色,说:"妈妈,我学不会,还是你和爸爸给我读吧!""我们试一试,每天就学十个字,好不好?"小沫姐倒是没有反对,我带着她走进书房。这个年龄段的孩子,记忆力是非常好的,一张卡片两个字,一组十个字,他们用不了十分钟就可以全部记住。

除了识字卡片,我还给小沫姐购买了识字软件,软件可以设置识字目标。一开始,我们设置每天学十个字,学习了一个月之后,小沫姐产生了抵触情绪，因为引导识字的游戏过程基本上都是重复的，她玩的次数多了，就不再新奇了。

经过一番交涉，我们改成了每天学五个字，她觉得很开心，这样又坚持了大概两个月。到了第三个月月末，我检测了一下她的识字成果。她完全掌握的有600个字了，已经大大超出了我们之前的预期。600个字对于一个4岁半的孩子来说，独立阅读很多绘本完全没问题，即便偶尔有些字不认识，她也可以结合上下文猜测出意思。

这个时候，发生了一个有意思的小插曲，小沫姐主动和我说："妈妈，我还是每天学10个字吧！"我感到很惊讶。后来我才明白，一开始学习的时候，她的兴趣在识字游戏上。当游戏闯关重复太多，她就没了新鲜感。而熬过了那段没有兴趣的低谷期，她的识字量大起来了，认识的字越来越多，不仅可以自己读书，在幼儿园也成了有名的"识字王"，小朋友一有不认识的字就来问她。再进行重复的识字游戏和卡片的时候，小沫姐已经对枯燥的过程无所谓了，她的关注点在认字上了。

我逗她："识字难不难呀？""妈妈，你不知道吧？我自己已经把幼儿园的绘本全看完了，老师还让我给小朋友们读绘本。"她的口气里充满小骄傲。

正是因为分解了目标，及时行动，在行动中又及时调整了小目标，小沫姐才顺利地在5岁的时候实现了独立自主的阅读。

二、标签在适当的时候贴起来

心理学认为，标签就是一种心理暗示，而人都是社会性动物，如果外界给他们贴上了标签,就是给予他们非常强烈但消极的心理暗示。父母都知道,不能轻易地给孩子贴标签,这很容易毁掉一个孩子。"你就是个笨孩子。""你就是性格内向,和小朋友处不好关系。""你就是不爱吃饭,爱吃零食。"……久而久之,孩子也就真的成为我们口中笨、内向、不爱吃饭的孩子了。

相反,如果将这些标签换一种角度,就会带来积极的效应。人在畏难的时候,意识里藏着无数否定的锁,"我不行""我害怕""我不会"……正是这一把把否定的锁,将我们禁锢在困难面前而无法脱身。那不妨来点积极的心理暗示,去解开这一把把禁锢我们的锁。

当小沫姐克服了一个又一个她起初害怕的小困难的时候,她在我们家也光荣地赢得了"吃苦兽"的称号。

小沫姐5岁半的时候,我给她报名了儿艺旗下艺术剧团的培训,那是她经过筛选考试赢了很多人才获得的机会。但艺术剧团离我们家有一个小时车程,而且整个上午连上三节课,意味着每周日小沫姐必须六点就起床穿衣、洗漱、吃早餐,才能保证八点上课不迟到。

孩子天真,我先畏难了,"小沫姐,我们以后每周日都得很早起床去上学,肯定很辛苦。""妈妈,你是不是忘了我是哪种小怪兽了?""什么?"我竟然没有反应过来。"我是我们家的'专业吃苦兽'呀!我不怕吃苦。"我忽然想涕泪横流。

接下来的一学期,小沫姐真的风雨无阻,从不迟到,还学会了更衣、换鞋、收拾用品。"这点小困难,在'专业吃苦兽'面前算什么呢?是经不住我吃几口的。"不知不觉,小沫姐的口头禅已经变了。

我曾经直截了当地给小沫姐引入"吃掉那只青蛙"的概念,这是世界著名的潜能训练大师博恩·崔西提出的管理法则。如果把每天要完成的重要任务比喻成大青蛙,只要我们改变思维方式,运用技巧把大青蛙吃掉,我们就能自如地驾驭自己的生活,困难何尝不是那只难吃的青蛙呢?

我问小沫姐:"以后无论遇到什么困难,你就想那是一只难吃的青蛙,那么我们如何吃掉那只青蛙呢?"小沫姐马上说:"我就一口一口地吃,先吃难吃的脚,再吃肚子,然后吃头。或者,我可以做很多种口味的青蛙,可以烤青蛙,可以煮青蛙,我还可以做糖蒸青蛙。"

"你可真行啊,爸爸妈妈都没想到!""那当然了,找到了青蛙好吃的地方,我就想吃更多的青蛙了。现在我正要做一只鸵鸟蛋味的青蛙,你们尝尝,一定很特别。"而她说的"鸵鸟蛋味青蛙",其实就是她不得不去练的琴。

练完琴的小沫姐,忽然对我说了一句话:"妈妈,我觉得很多的困难,就像一个个大石头挡在人的面前,但不怕困难的人,拿着那些石头垒出了金字塔。"

我惊呆住了,这是一个一年级孩子的人生感悟啊!她已经开始教我做事了。

作者：老昊，抖音4万粉丝教师@老昊化学，最高纪录给一万人直播讲解高中化学，抖音播放次数破千万。线下一对一辅导上千名高中生，帮助很多考生完美逆袭，考上理想大学，自主开发完整的线上与线下180节课程，自己编写了高中全套500多页教案以及与课程完美配套的辅导书。

如何抓住关键期让孩子迅速开窍

源源上了小学后成绩一直不理想，他很听话，但就是学不会，简单的数学运算总是算不对，基础的造句也不会写，背诵20个字的古诗需要两个小时，有时写作业就写到晚上11点。

每天放学后，我都会对源源进行作业辅导，我会一遍一遍地给他讲运算，帮他回忆。总之，学习对他来说就是很困难。

于是，我打算先培养孩子的学习能力，我阅读了相关的书之后发现孩子的学习能力是有关键期的。

一、让孩子喜欢上阅读

首先，我做的就是让源源喜欢上和我一起读书。

从源源二年级开始，我每天都会和他一起阅读。其实读什么不重要，关键是养成孩子阅读的习惯，这里家长的陪伴非常重要。

每天一放学，我先领着源源去绘本图书馆，让他选一本他喜欢的绘本，看完后我们再回家。

回家以后我会让源源再讲一遍他今天看的内容。睡觉前，我会领着他再读一本新的绘本。

玩游戏永远是培养兴趣最好的方式。

我们约定每周要选出我和他最喜欢的绘本，然后讲故事，录视频，并发到网络平台上，这也是做一个记录和纪念。

这样孩子每天都会有所期待，也乐于读绘本。

慢慢地，绘本的文字内容就不能满足源源了。我开始让源源读一些成语故事和历史故事，这下激发了他的阅读兴趣。

源源学会了成语，我们每天一起玩成语接龙，并且逐步开始角色扮演。

源源比较喜欢与《三国演义》有关的历史故事，我就给他买很多道具，让他扮演相关人物，然后我说出一个与人物有关的故事，让他扮演，最后还要他把这个故事讲出来。

如果孩子能记住几句台词，在人物出场时能说出来，效果更好。开始的时候，我说："桃园结义。"

他马上会找一个花盆，跪在花盆前面说："刘备、关羽、张飞。"

有时看他投入的样子,我真的特别开心。

一般做完扮演游戏之后,我还会让他把这个故事讲出来或把故事名默写出来。

之后,回顾故事情节,还会进行举一反三的训练,就是找出相近的词语进行练习,这对孩子阅读理解能力的提升是非常有帮助的。

此外,要培养孩子的阅读习惯,家长还可以多带孩子参加一些活动,我就办了我们当地的绘本馆会员。他们每周会举行绘本演讲比赛,名次不重要,主要是让孩子参与其中,和一群喜欢读书的小朋友交流、讨论。

二年级那一年,在我和孩子的共同努力下,孩子已经养成了每天都自主阅读的好习惯,并且背诵文章、造句都很轻松,理解能力有了质的飞跃,开始自己看书并逐渐有了自己的观点。

其实,小学三年级就是孩子的语文阅读关键期。在这一阶段需要大量的阅读,而且阅读习惯尽量在年纪比较小的时候培养,让孩子爱上阅读就是三年级关键期家长需要做的事情。

在他三年级以后,我就再也没有担心过他的语文了。

现在每周末都已经成了他自己的演讲日,我就负责给他当摄像师。

二、数学计算从细节抓起

在我给源源辅导作业时,数学是最大的难题。因为他年纪比较小,需要从最基本的数学思维开始培养,还有计算能力的训练,那更需要大量做题。但是做了很多题以后,他的计算能力进步并不大。于是我开始从他的计算规范开始抓起。

一位资深教师告诉我，大多数孩子数学学不好的最根本原因是对计算规范不重视。孩子认为自己只要计算结果算对了，就没问题，日积月累，就会在一些细节上犯一些非常简单的错误。更可怕的是不论学生还是家长，都把这些问题归结为粗心马虎，让这个问题成了无解的问题。我就严格按照数学的计算规范要求孩子。

这里强调一下，一定要比学校的要求更严格地来要求孩子，他的数学计算才不会粗心。

计算的规范从三年级开始，内容就比较多了，所以三年级也是锻炼孩子数学计算能力的关键期。

在源源进入三年级时，我就对他的数学作业开始要求计算规范了。但是因为我要求得比学校严格，他会产生逆反的情绪。

有一次源源做完数学作业，满怀信心地来找我说："爸爸，你来检查吧！我这回一定都对，肯定是 100 分。"

说完他的两手交叉在胸前，得意扬扬地看着我。

我看了看说："你都检查过了吗？每一步都符合计算规范？"

源源说："没问题，一定没问题。"

我检查完了，的确最后的结果全对。但最后一个题目的计算还是省略了步骤，并没有把准确的简化过程写全。

我说："最后一题你是不是省略了一步？"

源源说："是啊，那么简单，老师肯定会。"

我说："每个步骤都是不能省略的，拿去重新做一遍。"

他非常委屈地看着我，也不去做题目，就在那里等着。

这个时候，家长一定要对孩子严格要求，因为粗心多半是由于骄傲，认为题非常简单，从而省略步骤造成的。

源源看我越来越严厉的目光，心有不甘地拿着作业本去重新做了。虽然要求严格会让孩子暂时产生一些情绪，但是这的确对孩子的数学运算有着非常大的帮助。

进入三年级下学期，他的数学成绩开始稳步提升了。从四年级开始，我又监督他做了适量的数学运算题目。

终于在进入五年级以后，他几乎是满分，再也没有计算粗心的问题了。

数学运算不能用粗心来当借口，在关键期要帮助孩子养成良好的运算规范，这样孩子的数学成绩就会得到稳步的提升。

作者：孙问，微博财经博主@深刻反思中。
公众号：欢喜问2018。数学一级教师，2003年毕业于涪陵师范学校，具有19年教学工作经验，擅长心理学、教育学、理财，论文发表曾多次获得国家级、市级、区级一等奖，课题研究获得国家级"十三五"规划一等奖，微课赛课获奖更多，教学成绩多年排名一直靠前，对儿童心理了然于胸，写了上百篇公众号原创文章。

恩威并施，让孩子从小爱上学习

小悟很小的时候，家中没有摆很多玩具，而是在他的小屋子里摆了各式各样的书，书的种类超过了玩具，只要是小悟喜欢读的书都摆上，让他没事就去翻翻，像玩玩具一样，随他怎么弄。

慢慢地，小悟在不知不觉中翻了不少书，书已经在他心中种下了小小的种子。后来上幼儿园了，他认识了很多小朋友，幼儿园的玩具多种多样，甚至有小孩玩电话手表中的游戏，他因此也玩上了。我开始头疼了。

一、给孩子关爱，让他能感受到你真的爱他

那时候，我想，应该对他进行阅读的基础启蒙了。

我知道他很想买电话手表，便和他商议："每天看一个故事，然后讲给我听，爸爸就给你买。""就这么简单？"他开心地答应了。父子的感情就这样进一步在电话手表的纽带中加深了。

我在网上给他买了一个电话手表。和他一起玩手表，把里边的微聊、加好友、与同学聊天全玩了一遍。印象最深的是用微聊，我们足足玩了一个月，每次都和小朋友通过这样的方式联系，大家一起出去玩，一起聊家中开心的事情。第一次接触这样的功能，他兴奋得不得了。

"爸爸，这东西可以将说过的话记录下来。"孩子兴高采烈地告诉我。

"对啊！"

"那我不是可以将我讲的故事录下来？"

"是的！好像这个微聊不能记录太长时间吧？"我故意将声调提高。

"那我可以分段记录啊。哈哈，爸爸，对吗？"

"对，对，对！"

小悟就这样用微聊的功能每天跟他的好朋友分享故事，看一句，说一句，那专注劲儿可高了。这样保持了足足一个月，后来觉得没意思了，他告诉我，他想录长一点，会更有趣，然后启动了录音的功能。这是我陪孩子一起成长，和他一起玩电话手表经历中的一小段。

而如今上小学三年级了,和他再谈这件事情,他总结道:"电话手表和手机一样是一把'双刃剑',看你怎么用,用好了可以带来好处,否则会把你引向深渊。"这转折好像有些突然,但其实正是因为你爱孩子,愿意陪他一起走,陪他一起玩,他感觉到你是可靠的,也是他值得信任的朋友,所以他会敞开心扉与你诉说。一个电话手表满足了他的愿望,也让他的阅读和讲故事的能力有所提高。

二、理解至上,落到实处

诺贝尔物理学奖获得者费曼说:"如果你没有办法用简单的语言表述你所学的知识,你就没有真正学会它。"因为学习正是在用知识来压缩原本无限的信息。理解后相当于把复杂的问题简单化,并能举一反三。

一、二年级的孩子因为要学的知识有限,才会轻松得满分,而到了高年级,因记忆有限,大脑不可能无限记忆,得满分的机会自然就少了。所以,实现举一反三才叫学习。生活中那些中考、高考得满分的人不仅会举一反三,甚至已将知识学得通透。

因此,想要让孩子爱上学习,就要从小做起,立规矩,在玩中爱上学习。

作者:陈景瑞,微博博主@丁小腰。从事幼教工作,具有丰富的带娃经验,帮助近百名入园焦虑的孩子适应幼儿园生活。育儿视频播放量破百万次。关注个人成长,注重家庭教育,希望用自己的点滴记录帮助更多的人。

写给准备上幼儿园的新手爸妈的建议

"老师,我们家孩子上了幼儿园之后天天哭个不停,怎么办啊?"

"平时跟孩子说'你上幼儿园要乖乖的',孩子嘴上答应得好好的,可一到幼儿园就哭着赖着不愿意进去,怎么办啊?"

"自从孩子上了幼儿园已经连着哭了一周了,从早哭到晚,真是又心疼又担心,要是一直这么哭下去,怎么办啊?"

"我们大宝上幼儿园的时候乖得很,今年小宝上幼儿园,一到点入园就哭,愁死我了!"

…… ……

每位新手爸妈在送孩子刚上幼儿园时,都会有这样或那样的担心,这很正常。

看到这里,你一定会说:"正常?孩子都哭成这样了,还正常?我们要的是方法!孩子哭闹,我们到底要怎么办啊!谁想听所谓的育儿理论,那些大道理谁都会讲。可是作为普通的新手爸妈,到底应该怎么做?"

那么,我们就来说一说最实用的办法吧。

我是一名幼儿园老师,每年幼儿园小班刚开学,不可避免地,会听到小班很多孩子的哭闹声。

那么孩子为什么哭呢?

因为想家,想念每天生活在一起的爸爸妈妈或者爷爷奶奶。

因为陌生,对新的幼儿园环境、新的老师、新的同学很陌生,而且看不到平时熟悉的玩偶、熟悉的小床、熟悉的怀抱,也没有熟悉的人。

此时,怎么办呢?既然因为陌生,那就为宝宝创设熟悉的环境吧!

一、开学前的熟悉环境

如果有机会,就可以提前带孩子去新幼儿园走一走、逛一逛,熟悉一下新教室、新环境,一边逛一边指给孩子看:"宝贝,这里将是你的教室,入园以后你会和很多小朋友一起在这里生活。""放这些小床的教室是宝宝们中午睡觉的地方。""这是宝宝上厕所的地方。"

如果见到老师和小朋友,也可以提前和老师、小朋友打个招呼,或者当老师到家里家访时,记得跟孩子介绍一下:"这就是你上幼儿园以后的老师。在家里你有什么事情可以找妈妈,在幼儿园里你有什么事情可以找老师。"

二、开学后的应对方式

如果没有机会提前带孩子进幼儿园逛一逛,开学后,孩子仍然不能适应幼儿园的生活,经常哭闹,可以试着拍一些教室的环境照片,在家的时候跟孩子一起聊聊"这里是宝宝吃饭的地方""这里是宝宝做游戏的地方""这里是宝宝喝水的地方",带孩子熟悉新环境。

有家长反馈说:

"我跟孩子聊他们班级的物品时,孩子还会跟我互动呢。"

"我家孩子对这些环境一点概念也没有,没用。"

没关系,这还只是环境,想要让哭闹的孩子一下子适应,哪有那么简单?

孩子不习惯陌生的环境,是因为他对熟悉的人或者物有着一定的依恋,那就从家里带一个他熟悉的玩具、抱枕、全家福照片等。我们班有个小朋友从开学哭了将近三周,从早哭到晚,但他有个依恋物,就是他的书包。后来中午在幼儿园睡觉,他每次都要抱着自己的书包情绪才能平复下来,然后慢慢入睡。

如果孩子真的像这样一直哭,一直吵着"要妈妈",怎么办?

那就告诉孩子什么时候可以回家,什么时候可以见到爸爸妈妈或爷爷奶奶。比如送孩子去幼儿园,提前跟孩子说好:"宝宝在幼儿园吃完午餐，睡觉醒来，再玩一会儿，妈妈就会来接你放学啦！"对，就需要这么具体地告诉孩子。这样他就会知道什么时候可以回家，不要怕啰唆，你要反复跟孩子强调。

可是，孩子还是一直吵着"我不要上幼儿园"，怎么办？

那就告诉孩子什么时候可以不上幼儿园，比如跟孩子说"放学回家就可以不用再去幼儿园了""周末宝宝就可以不上幼儿园了"。

可是，孩子还是一直哭，怎么办？

那就接纳孩子的情绪，孩子不愿意去幼儿园，这是孩子的真实感受，我们也要学会接纳孩子有"负面情绪"。但孩子不愿意去幼儿园，不代表就不需要去幼儿园。

那怎么办呢？下面我给出几个选项，以供大家参考。

A."没事儿的，宝贝，你都长大了，你看，和你这么大的小朋友，都上幼儿园了呢！"

B."幼儿园多好呀，能学到好多本领，还能认识好多新朋友。"

C."不就是上幼儿园吗？有啥不情愿的，多大点事儿！"

D."哎呀！看着我家孩子上幼儿园这么难过，我这个当妈的一点办法都没有，真是心疼……"

E."没关系，宝贝，不想上就不上了吧！"

F."我这当妈的也不知道该怎么办！发愁……"

对于以上这些选项，选啥都不为过，因为我们有太多家长是这样做的。但其实面对孩子不愿上幼儿园，你不用替孩子想办法，以上这些选项都是想帮助孩子缓解焦虑，或想劝孩子喜欢上幼儿园，这些都不需要。

孩子需要的是你的理解和共情——别想着帮孩子解决问题，接纳孩子的情绪，认真倾听，之后说："好的，妈妈知道了，宝贝真的很不想上幼儿园，妈妈知道了！"记得要温柔而坚定。

除此之外，还有一些准备物品的小细节，新手爸妈可以参考。

1. 书包里装什么

（1）带 3~5 件干净的衣服

在孩子的书包里放好 3~5 件干净的衣服备用，可别觉得这没有必要，让我来跟你盘点一下孩子在幼儿园可能弄湿衣服的可能性：①喝水时：宝贝刚接完水，小心翼翼地走路，不小心被经过的小朋友碰了一下，水洒了，弄湿了衣服；②洗手时：宝贝洗手时，水龙头开太大了，不小心弄湿了衣服；③吃饭时：菜汤不小心滴到衣服上或者不小心打翻了饭碗而弄脏了衣服；④运动时或者午睡后出汗太多，湿了衣服；⑤小便时不小心滴到裤子上；⑥身体不舒服，不小心呕吐到衣服上；等等。

（2）带空塑料袋

放宝宝替换下来的脏衣服，避免弄脏其他衣服。

2. 贴姓名贴

小班的孩子年龄小，班级里小朋友多，衣服、玩具、书包等物品不容易找到，贴上姓名标签，方便教师寻找。

3. 照片

老师会把照片贴在小朋友的杯子架上、小床上、椅子下、桌子上，方便幼儿辨认"这是我的"，如这个杯子是我的，这是我的位置，这是我的小床，这是我的书包，等等。这样做，既可以使幼儿更有归属感，也可以帮助幼儿更快地适应幼儿园生活。

第6章　入园、入学后问题多，优秀妈妈有妙招

终于，孩子顺利进入幼儿园或小学，家长也面临着新的挑战。教育孩子时，想动手怎么办？孩子不愿意写作业怎么办？大声朗读对孩子有什么好处？如何做一个有效完整的假期计划？如何教会孩子规划学习时间？听说读写如何搞定？本章将带你一一解决这些问题。

作者：锦绣小四月，微博母婴博主@锦绣小四月。全职工作，业余带娃，具有十多年家庭育儿经验。擅长美工和亲子育儿指导，家有一儿一女。哥哥读初中，妹妹在幼儿园。十多年来亲自育儿，一直将孩子健康放首位，将生活即教育的理念铭记于心。认为学习的最高境界是自学，家长要学会放手。

教育孩子时，想动手怎么办

下雨天，快3岁的妹妹路过小水坑，直接跑过去跳起来，这里大水花，那里大水花，鞋袜打湿了；冬天要把夏天的纱裙套外面，觉得好看，不让穿就哭闹；2岁多的宝宝，在家里到处用小手探索，差点碰到插头，家长好恼火！

以上这些画面，是不是很熟悉？是不是很想动手教育孩子呢？

我教育孩子从不动手。因为在我看来，孩子的任何行为都是正常的。无论他们的行为在我们看来多么荒谬，都是孩子对周围环境的一种正常反应。如果想改变孩子的某些异常行为，必须改变他们所处的环境。只要成年人改变了，孩子也会改变。所以教育孩子不是动手的问题，而是家长要改变自己。在教育孩子时，家长怎样避免动手？

在孩子的人生之初，我们应该通过正确的方式引导孩子，而在这个过程中，家长的情绪稳定是非常重要的。

一、儿童教育需要包容精神

家庭教育的包容精神，体现在孩子犯错误或者和你想法不一致的时候。

我家妹妹喜欢玩沙、玩水，甚至在家玩米、玩面粉。小孩子天生对大自然的沙、水感兴趣。

只要是下雨，我家妹妹是绝不会放过这个机会的。下雨时我撑把大伞，拎个袋子，跟在妹妹身后出门。妹妹先在有水的坑里踩水，单脚或双脚跳起，水花四溅，接着脱鞋，赤脚在雨中蹚水，要求我也脱鞋一起玩。然后来到滑梯边，看雨滴从滑梯滚下来，她便拿起纸巾擦，擦完之后拧出纸巾里的水再擦，这个动作重复十多次，玩厌才罢休！我就随她，幼儿的反复练习就是做智力体操。

路上有行人走过会说："哎呀，把衣服弄湿了，会生病的。"有撑伞带孩子出来的，可是家长怕孩子的鞋弄湿，不让走有水的地方；有怕孩子吵着要玩水，而强行带孩子走的；更有鼓励孩子玩水的，可孩子不敢……

妹妹走走停停，在雨中踩水，寻找不同的水洼，一路跑，一路笑。

玩了个把小时，妹妹终于说："抱抱，累了。"回家后，妹妹洗手、洗脚、之后又玩会儿水，换了套干净的衣服。然后，她又去拧水龙头玩水。我说："我们玩了好久的水，现在换衣服了，不玩水了，好吗？"她说："好吧。"

我好诧异，是因为踩水、玩水都满足她了，她就妥协了吗？这是因爱而服从呢？

二、了解孩子的年龄特点，了解孩子的心理

4岁小女孩要冬天穿纱裙，就是她的审美敏感期。那就穿在裤子外面呗，或者找冬天的裙子替代。只要孩子的要求不会伤害自己，又不会伤害别人，那就答应她。

下雪了，孩子找来水桶、小铲子等，滚雪球、打雪仗，堆城堡，坐上小车穿越丛林，在雪地里穿梭，去小池塘砸冰，乐不思蜀地玩一下午，玩完回家换一套衣服。但是很多家长认为玩雪不行，不让孩子玩。其实，对大自然感兴趣是孩子的天性，家长照顾好、保护好孩子即可。

家长对孩子感到不满或觉得是负面的行为，应理解孩子行为背后的原因，让孩子从正向学习中成长。

三、积极暂停，请家人协助

两三岁年龄的孩子爱探索，手到处摸，家长就会说很危险或不讲卫生。但孩子每天又处于这样的环境中，觉得新奇，于是又拿着棍棒去探索，家长很恼火。

孩子是率性而为的，天真的，无知的。家长一方面要通过沟通与引导、示范，告诉孩子怎么做；另一方面要排除危险因素，为孩子创造安全的生活环境。家长要用心，发现危险时，抱走孩子，不要对孩子大吼大叫，打孩子更是无济于事。

如果觉得自己的情绪在短时间内无法冷静，可以请家人协助照看孩子，想动手或发脾气之前，从1数到10，让自己平静下来，以免再起冲突。

如果我们放下内心的纠结，把选择权给孩子，观察孩子，倾听孩子，了解他们的需要，信任他们，并用我们的智慧去满足他们的需求，就不会出现与孩子"对峙"的局面。

我家老大14岁、老二3岁，我从不打孩子，在十几年的教育过程中，也能很好地进行沟通。只要你能接纳孩子的感受，理解孩子行为背后的原因，给予孩子试错的机会，孩子就能成长，并且会回报给你意想不到的包容。

为什么我总是建议父母不要打骂孩子呢？当一个孩子从小经常被父母打骂，还被不断灌输"打你是为你好""打你是因为爱你"，进而形成这种认知后，那么当孩子未来遇到他人不顺从自己时，就很可能会拳脚相加，成为施暴者、欺凌者，因为他认为打别人是对别人的一种"爱"。如果孩子遭遇校园欺凌时，他会认为都是自己的错，都是自己不好，对方打他是对他的爱和教育，他会一味忍耐、自责，成为懦弱的被欺凌者。

人生就如同一条河，没有上游的丰盈和充实，很难会有下游的波澜壮阔。应该给孩子怎样的童年、怎样的原生家庭、怎样的教育，其实主动权在父母的手里。父母不能用自己人生的局限和狭隘去建构孩子自限式的思维模式，多给予孩子爱和包容。童年是人生的基石，童年布下的种子，他日终将开花结果。

作者：张冉，微博博主@甜甜英语课，毕业于天津大学，TESOL 国际英语教师资格证持有者，曾任北京知名连锁教育机构教学总监，具有 10 余年工作经验，擅长少儿英语教育、亲子关系。

孩子不愿意写作业怎么办

　　正在工作的时候，我接到了女儿小甜妞的老师打来的电话，才知道小甜妞居然没写作业。我因为工作太忙，疏忽了这事儿。下班时间一到，我赶紧收拾东西回家，女儿的作业必须重视起来。

　　到家以后，我才发现小甜妞比我先一步到家了，正坐在书桌前写作业。

　　我问："今天都有什么作业呀？"

　　小甜妞说："读英语、写生字、数学。"乖乖，作业没忘啊！

那会是什么原因没写作业呢？因为担心女儿有压力，所以我也没问，就静静地观察。

接下来，我看到小甜妞拿出英语书，开始读了起来。她读了一会儿，余光又看到桌子上新买的橡皮，于是拿起橡皮闻了闻，用手抠了抠……我一看，这样下去不行啊，赶紧拿起小凳子，坐到了小甜妞旁边，跟她一起琢磨制订作业计划。

一、满足孩子休息玩乐的需求

对于小甜妞来说，玩才是最重要的事儿。她一会儿玩这个，一会儿抠那个，干脆直接先让她玩起来。于是我跟女儿说："好，先自由活动30分钟。30分钟一到，就马上写作业。如果无法遵守，就没有活动时间。"

小甜妞很喜欢这个办法，她自己高高兴兴地定了闹钟。但是问题来了，闹钟响了以后，她还耍赖，要继续玩。好在作业计划是她之前跟我一起制订的，好说歹说，她终于还是坐到了书桌前。

就这样练习了两天、三天……到了第五天，情况终于有了好转：在活动结束的闹钟响起时，小甜妞自己过去关了闹铃。这个过程真不容易啊！接下来终于可以正式开始写作业了。

二、写作业之前，做好充分的准备

我花了一个星期来观察小甜妞写作业的习惯。

看到小甜妞坐到了书桌前，我问她："需要几根铅笔呀？"

小甜妞回答："两根。"

我对她说:"好,现在开始削吧。"我把铅笔递给她,她在削铅笔的过程中,慢慢静下心来。

她削完两根铅笔,我又把橡皮递给她:"橡皮用完记得放到手边哟。"

另外,我还给小甜妞准备了一个草稿本,直接放在了她右手边。因为草稿本是语文、数学都需要用到的,放在手边可以随取随用,避免到处翻找。

我把桌面上的玩具、彩笔等都收进了玩具箱,就剩下了必备的学习用品和书本,整洁干净,取用方便。

三、按照由简到难的顺序,列作业清单

以前小甜妞写作业的顺序很随意。比如,她经常先写数学,再写其他作业。但是,她对数学兴趣一般,基础也比较薄弱,所以,做着做着就出现了卡壳,也就耽误了时间,导致后面的作业一拖再拖。我得想办法改变这个情况。

所以我坐下来,跟小甜妞一起安排写作业顺序,一起列清单。

(1)每次开始写作业前,都要花 5 分钟左右做计划。

(2)把作业按照由简到难的顺序排列:先列简单会做的,保证 30 秒内快速启动;再把困难的依次往后放,不让太难的作业耽误进度;排序一二三四要写清楚,先干什么后干什么一目了然。

(3)每完成一项任务,马上在清单上打一个钩,就像游戏闯关一样,每打一个钩就表示完成了一项任务,孩子既会特别有成就感,也会继续开开心心地完成下一项任务。

清单搞定，马上动笔写作业。为了避免女儿感觉我在监督她，我就坐在远处看书或写东西。

不知过了多久，就听到小甜妞说："全部写完啦！"

我马上问："挑战成功了，是吗？都完成了呀？"

小甜妞特别自豪地说："对啊！"

"宝贝好棒！"我对她竖起了大拇指。

四、写作业猜时间

我问小甜妞："昨天写数学作业花了 50 分钟，今天也要花 50 分钟吗？"

小甜妞说："不，今天只用 40 分钟，比比看吧！"然后她就埋头写作业。

因为小甜妞想赢过我，所以消磨时间的小动作自然减少了很多。不一会儿她就大喊："写完啦！"

我跑过去很惊喜地说："哇！你今天提前了 8 分钟！很快，真好！"

小甜妞也很得意，不但提前完成了作业，猜时间环节也获胜了。

五、抄写要一句一句记，又快又省劲

接下来轮到小甜妞的语文作业了。她特别头疼抄课文，总是抱怨："这个怎么抄都抄不完！"

我马上跑过去，问道："怎么啦？生气啦？那你愿意到楼下散步消消气，还是听听音乐？"

小甜妞说:"我想喝水。"

我一边递水给她,一边说:"我这里有个小窍门,能帮你减轻大部分负担,想不想听呀?"

小甜妞很好奇:"哦?"

我笑着说:"我注意到你每写一个字,就要抬头看一眼书。这样花费时间长,还容易看串行。但是,如果每次读完一整句话,再下笔去写,写出来就会又快又好。"

女儿满脸的不相信,但还是用了我的办法尝试,果然快了很多。我在旁边鼓励她:"哇,三行字全写完了啊,好快!"

小甜妞尝到了抄整句的甜头,从这以后,抄写课文再也不是她的难事儿了。

六、能力养成时,带着爱放手

经过一段时间的练习,小甜妞已经非常熟悉写作业的流程了。我也可以不用全程监督她了,真是大大松了一口气。

我对小甜妞说:"妈妈会每隔半小时来看你需不需要帮助。当然你有任何困难,都可以随时过来告诉妈妈哟。"

所以,孩子不写作业一定是有原因的,要注意观察她是不是遇到困难了。如果孩子还没有形成自己的作业习惯,能力也还没培养出来。那么,家长可以教给孩子一些方法,去帮助和陪伴她渡过难关。

同时,我建议家长该放手时要放手。如果始终不给孩子机会独立完成作业,家长就会感觉累,孩子独立完成作业的能力不能提高。

所以,在观察到孩子已经熟悉方法和规律时,家长就不用再死死盯着孩子的作业了。

作者：安安，微博母婴育儿博主@四小妞手记。日语专业，自学计算机编程，从事多年对日项目管理，兼职数年日语培训。家有两个"小棉袄"，自从有了姐姐后，专职育儿，擅长日语启蒙和儿童心理学，热爱读书和旅游，是读万卷书和行万里路的践行者，致力于陪伴孩子健康成长、快乐成才。

大声朗读对孩子有什么好处

"九月，早上好！"

"九月，来，到老师这里！"

"九月，你喜欢这本书吗？"

这时候，九月一般都是躲到我的身后默默看着，不做出任何回应。九月是我的大女儿，因为出生在九月，所以就起了"九月"这个小名。

其实小孩子认生是一件很正常的事情，但是我觉得九月认生有点严重。其实她性格很好，从出生起就特别爱笑，随着她一天天长大，她在运动和语言方面都表现出了很好的天赋。运动方面胆子很大，活泼好动，和小朋友交流很友好，但是一碰到大人就立刻变得非常紧张，尤其是当和大人有目光交流的时候。

我经常带她出去玩，给她报了早教班和一些其他兴趣班。其实更多的原因是为了给她创造多接触别人的环境。她经常看着小朋友和老师嬉笑打闹，但是自己从不上前。即使今天和这个老师熟悉了，玩得很开心，明天再来又变得很拘谨，要再花很长时间重新变熟悉。于是我把课从一周两天改成了一周连着四天都去上，带她在早教班玩，为了能让她有更多的机会接触外界。

去多了，效果肯定是有的，但不是很明显。后来我咨询了一些儿童心理学的老师，她们建议我除了多带孩子接触人，与人多交流，在家也要多给孩子读书，这样更容易打开孩子的内心世界。

九月2岁时，我开始给她读绘本、读儿歌，在短期内没有看到太大的变化。那时候我开始翻看一些有关阅读方面的书，那些书坚定了我坚持给她阅读的信念。

九月因为是在九月出生的，所以上幼儿园时已经快4岁了，但是她上幼儿园的分离焦虑明显比其他小朋友严重。入园后的第一个月，她都是哭着进幼儿园的，在家说得好好的，但到幼儿园门口就是不进去，大哭，那时候她都成了幼儿园"明星"了，老师们都认识她。虽然这方面没什么太大改善，但是我发现她的记忆力特别好，我们读过的绘本或儿歌，她都记住了。我就继续坚持给她朗读。

从她上幼儿园开始，我们朗读的时间就改成了晚上，不像之前随时想读就读了，阅读也加入了一项，让她和我一起朗读。每天先是和以前一样，我为她朗读她挑选的绘本，然后我们选一本难度小的绘本，我读一句，她跟读一句，她和我一样大声地朗读。朗读时，九月能读成什么样是什么样，不追求完美，不过分要求，保持一种愉悦的状态。

这样我们一直读了两年，那时候九月该上大班了。快开学时，老师说不能跟着孩子上大班了，幼儿园有了新的安排。因为九月已经和现在的老师很熟悉，我担心换新老师会导致她很不适应，但我还是把这个消息告诉了九月。

"宝贝，还有一星期，你就要开学啦！"

"又可以和同学一起玩啦！我都想他们了。"

"他们肯定也想你了！你有那么多好朋友，妈妈好开心！你有没有想老师？"

"当然想啦！我要画一幅画送给老师。"说着就要去画。

我紧接着说："大班要换新老师。"

"啊？换哪个老师？"

"三个老师都要换成新的。"

"那……那我画的画怎么送给老师呢？"

我松了一口气，看来她不是很排斥。

"没关系啊，你可以放学时去老师所在的班里送啊。"

"那好。到时候你别着急带我回家啊，放学后我先去送画。"然后她开心地去画画了。

原来是虚惊一场，原来她可以适应变化了。我很惊讶她居然想画画送给老师，原来她是一个多么不愿意和大人交流，甚至是害怕交流的孩子。她的成长、她的变化让我惊喜。

大班换新老师，她适应得非常快。我和老师了解了她的情况，老师说她人缘很好，而且特别配合老师，还主动帮老师做一些事情。比如洗杯子、发水果酸奶等。

幼儿园和剧院联合排一部关于讲卫生的舞台剧，这部剧备受重视，可能要去国家大剧院演出。由专业老师从中班和大班的孩子里选20个小朋友，其中就有她。我问她："你们怎么选的？"

她说："我们每个人表演了自己的才艺。"

"那你表演了什么？"

"我朗诵了《三字经》和一首古诗，然后表演了一只小兔子怎么吃胡萝卜。"

这次选拔让我更加看到她的变化，她变得勇敢自信了。以前她见到陌生人就紧张害怕，如今居然可以大方地在陌生老师面前表演，我真的为她感到高兴。

当天晚上我思考着她的变化，我觉得九月变化的一个原因是孩子的生长发育，另一个原因是我们一直坚持亲子阅读并坚持大声朗读。

大声朗读是一个眼、耳、手、口、脑综合运用的过程，它同时调动多器官，对孩子的身心有非常多的好处。

大声朗读给九月带来哪些好处呢？

一、大声朗读可以提升孩子的专注力

一些家长反映，孩子坐不住，注意力不集中，不是犯困就是思绪早已飘到九霄云外。但是九月还好，我观察她，三个小时的美术课她能全程跟着老师的节奏走，心态平和，神情专注。

二、大声朗读可以提升孩子的记忆力

声音可以打开大脑的记忆，有感情的声音更能使大脑产生很强的画面感，不仅可以激发孩子的想象力，也可以使记忆更加深刻。通过大声朗读，九月已经习惯这种声音、画面联想的记忆方法。九月上大班时就已经背诵了小学阶段要学的古诗，没有任何强制和功利的想法，就是每天我送她上学的路上，10分钟的时间，两天一首。

我先给她读一遍，然后讲解一下诗的意思和诗的背景，接着我会让她把自己想象成诗人，跟着我大声朗读两遍，这样她就差不多背下来了。第二天，我们会复习一遍前一天学的。我发现第二天时她已经背得很流利了。

三、大声朗读可以提升孩子的理解力

要想有感情地朗读一篇文章，必须以很好地理解文章的内容为前提。首先，我们应该通读全文，对文章有个整体把握；其次，我们要理解文章所要表达的意思；最后，我们才能很好地朗读这篇文章。

性格的改变这一点在九月身上体现得非常明显。她从一个不敢和大人对视、看到大人就紧张害怕的孩子变成了一个落落大方、勇敢自信地表达自己的孩子。大声朗读时那种声情并茂、情感饱满、抑扬顿挫都激发着她的情绪，使她大胆地展现自己。

大声朗读带来的好处还有很多，也都不是单一的，而是一个共同的结果，比如学习能力、自我管理能力的提高等。

有的家长可能会问我："九月这么愿意读吗？她不会感到反感或厌倦吗？"

其实，她也有过不想读的时候。小时候只要我愿意陪她，她都愿意读，她是一个特别喜欢有人陪伴的孩子，相信很多孩子也都是这样。后来有过一段时间，即使我陪她，她也读两句就不想读了。那么，我们就会换一种方式，比如，扮演书里的角色做游戏，将故事情节编成歌大声唱一唱。她喜欢画画，我也会让她自己去画一画，以激发她的兴趣。现在她特别喜欢我给她录成视频，或者用配音软件。她还喜欢给妹妹当小老师，读给妹妹听，或者一句一句地教妹妹读。兴趣是最好的老师，不管用什么形式，激发了孩子的兴趣，孩子才能长期坚持，才能有好的结果。

九月现在已经上小学了。老师也十分重视阅读，要求每天至少有15分钟的阅读时间。部编版语文教材的《语文园地》中也有一个栏目"和大人一起读"，这个栏目就是鼓励亲子阅读，引导家长和孩子一起读书，创造一个好的环境，养成一个好的阅读习惯，由此可见阅读的重要性。

九月的亲身经历让我发现了大声朗读对孩子的影响。如果你的孩子也和九月一样，一在公众场合说话就紧张，表达语无伦次；或者读书吭吭哧哧、嘟嘟囔囔；或者读了很多书，把课文看了很多遍，但成绩不是很好，你都应该试着让孩子养成大声朗读的习惯。如果你的孩子各方面很好，你也应该让他养成大声朗读的习惯，在不久的将来,你会看到一个更好的他!

悄悄告诉你,大声朗读不仅适用于语文,同样也适用于数学,练习口算时大家不妨让孩子试试不要动笔写,而是选择大声朗读式口算,这样会使孩子的大脑更灵活。

作者：冯培洁，微博博主@冉冉记rrj，育有两孩。育儿经验十年，从事教育工作五年，通过大量样本的观察及结合自身的育儿经验，对家庭亲子关系的加强有一定的研究。

如何做一个有效完整的假期计划

一年一度的寒假如约而至。因为有每个假期做计划的习惯和经验，在寒假到来之前，我帮助久久的几位同学做了假期计划。

假期过了一周，我问几位妈妈计划完成得怎样，得到的答案却不尽如人意：

"计划制订好了，每项都需要监督，不监督的话，孩子就偷懒。"

"当天有临时情况，计划被打乱，就很难坚持了。"

"前几天孩子还严格按照计划完成，几天后就疲软了，质量大打折扣。"

……………

我想说：这些问题都是正常的，都是计划执行过程中会出现的，都是有办法可以解决的。

不监督就偷懒？——谁给你那么大勇气信任孩子的自觉性？

有临时情况，计划被打乱。——那是你没有制定并告知孩子备用方案。

对计划失去兴趣。——那是你对计划的认知出现偏差或执行不到位。

看，所有问题都有答案。所以，到底怎样才能做一个有效且完整的假期计划？可以按照以下步骤一一完成。

一、确定三个维度：时间、种类、目标

第一个维度是时间。从孩子放假第一天开始，到学校报到那天结束。

第二个维度是种类。根据学龄孩子的特点，种类一般分为文化学习、兴趣爱好、健康运动、习惯技能培养四大类。

第三个维度是目标。根据分好的大类，确定每类的目标。文化学习是查漏补缺还是侧重拓展提高？兴趣爱好是以消磨时间还是达到某种成绩为目的？

以久久为例，寒假的目标就是学习上以查漏补缺为主，以预习下学期课程为辅；生活上调理身体，保证每日的运动时间和作息规律。

1. 进一步分解目标，制定每类的具体细则

（1）文化学习：小学阶段主要分为语文、数学、英语三科。语文一般分为阅读、写作、基础三个板块，数学分为基础和拓展思维两个板块，英语分听、说、读、写四个板块。同时，三个科目又分为长期的查漏补缺和下学期的新课预习。每个板块需要制定相应的细则。

（2）兴趣爱好：主要指平时的兴趣班。假期是否安排课程？是否考级考证？

（3）健康运动：包括专项运动和日常锻炼。以小学四年级为例，要求每日半小时的专项运动（足球、篮球、跳绳等）和体质训练（指定动作完成）。

（4）习惯技能培养：包括习惯培养和技能养成。习惯包括学习习惯和生活习惯，如果平时没有养成好习惯，可以利用寒假的时间慢慢地纠正。技能养成包括做家务、做手工等。

2. 填制时间表

时间包括可安排时间段和不可安排时间段。

（1）安排春节自由玩耍的时间。根据寒假的特殊性和中国的传统，春节前后的几天是自由时间，不用安排。

（2）安排考完试前三天和下学期报到前三天的时间。前者是放松期，后者是开学前兴奋期，一般效率不太高，可以安排计划，但是不能多。

（3）剩下的时间，才是我们能完整地安排一整天计划的时间。

二、和孩子共同修订计划

和孩子共同修订计划,是非常重要的一步,很多计划最后全面崩盘,就是因为没有做这一步。记住,再完美的计划,如果没有得到孩子的认可,那永远都是你的计划,而不是孩子的计划。他认可的3页作业,远比你规定的5页作业完成得更好!曾经我也为此焦虑,后来我算了算,每天3页,持续5天和每天5页,持续3天,数量是一样的,前者孩子乐于做,后者孩子抵触,质量下降,妈妈批评,孩子发脾气……到底哪个更好?

和孩子商量,修改计划后,真正的计划才算出炉了。这个时候就可以开启准备工作了。准备工作包括两个方面:一方面是物质准备,下学期的预习教材该买了,准备给孩子看的影片该准备了;另一方面容易忽视的就是心理准备,特别是对于第一次做计划的家庭,一定要让孩子明白,"计划"是规矩,是必须做的事,没有讨价还价、可做可不做之说。

上面所说的完成以后,一个寒假计划就完成了吗?不,并没有,只是完成了一半。

事实上,有很多完美的计划最后草草收场,完全没有达到预期的效果,就是因为没有注意到以下几点。

1. 计划切勿排满

很多妈妈把一天24小时排得满满当当,一分钟都不浪费。但是切记,我们是"人脑",不是"电脑",开足马力固然重要,但留白内化也是必需的。张弛有度的节奏才是持久的保障。这里说的不要排满，一方面指不仅每天要安排学习、运动的时间。更要安排娱乐休闲的时间；另一方面，要合理考虑每一板块计划需要的时间，比如孩子画画的时间是一个小时，那这一板块应该安排的时长是一个半小时，要留足准备时间及休息时间。计划不要匆匆忙忙，留有准备、调整或休息等时间方可轻松执行。

2. 家长做不到的计划不要安排

什么叫家长做不到呢？比如给孩子每天安排了充实的学习计划，可是家长没时间，或者不愿意监督落实情况。孩子做归做，做完了吗？做得好吗？家长不知道，那又有什么意义呢？

所以，凡是家长不能检查反馈的计划就别安排。家长的精力只能管一样，就安排一样；只能管两样，就安排两样。否则，就是浪费时间，这就是家长反馈一个假期结束并没有觉得孩子进步很大的原因。

3. 完成的质量和时间一样，有明确的规定

布置好的安排，时间是确定的，质量同样需要像时间一样清晰且明确。例如，作业的书写达到什么标准，做家务的质量达到什么标准，运动达到什么标准，对于没有达到标准的情况怎样处置。一条一条的清晰且明确，才是执行的根本。

三、计划被打断是备用方案

制订好的计划会被打乱吗？会，而且是一定会！毕竟事物发展的规律不是完全由自己决定的。很多时候，计划崩盘就是被打乱的时候不知所措，于是任由自己性子行事，最后与当初的预期背道而驰。

我建议在同一天内计划被打乱,可以调整板块的时间,但是同一天的计划要在一天内完成。如果实在不能完成,要找到原因,是否在第二天弥补或者调整预期计划。每日计划完成的复盘,也是计划里非常重要的一环。

人人都喜欢假期,普通的孩子期望假期弯道超车,优秀的孩子希望更上一层楼。实际上,假期只要好好计划,完全可以达到休息与学习两不误,家长和孩子都开心。

作者：小馨甜妈，微博博主@小馨甜妈。9年初中语文老师，9年高中语文老师，6年中学班主任，5年国家二级心理咨询师。先后带过6届学生，拥有上百个咨询案例。曾获"优秀班主任""高考工作先进个人"称号。擅长培养语文尖子，青少年青春期心理咨询、学业咨询。育有一儿一女，儿子8岁，女儿2岁。

如何教会孩子规划学习时间

甜哥上小学一年级之后，放学回家后的第一件事是玩。骑单车、搭乐高、听故事、看课外书，随随便便就消磨一两个小时。很多时候玩着玩着累了，就吃饭、洗澡、想睡觉，就没有时间做作业了。我觉得，如果是幼儿园的小朋友，这样花时间，自然不是问题，但小学生，应该先完成学习任务再玩耍。

于是，我规定他每天放学回家，先完成作业再玩。然而，新问题出现了。甜哥坐在书桌前，不是削铅笔、找橡皮，就是起来喝水、上厕所。有时坐下不到两分钟，就问："可以吃饭了吗？我很饿。"有时写完两个生字，忽然又说起哪个同学下课告诉他外面有蜜蜂了，老师上课表扬谁数学计算全对了……总之，不能专心写作业。

说起浪费时间，我发现这只是成人世界的概念。小孩子没有时间观念，更别说怎样高效地利用时间了。我需要教会孩子如何管理好时间。

一、学会分配学习时间，学会在指定时间内做指定的事

很多孩子放学回家之后，无非就是做作业、玩耍、吃饭、洗澡、睡觉这几件事。我把甜哥要做的事情按时间分为玩耍时间、学习时间、睡觉时间。玩耍时间，他可以自由安排；睡觉时间是指定的，只要在规定时间上床就可以了；我要重点关注的是他的学习时间。

为了保证他在学习时间里只做与学习有关的事情，甜哥回家先有15~30分钟的休息时间。这期间，他可以喝水、上厕所，或者吃点小零食。值得一提的是，我一定陪他聊天，听他讲学校里的各种趣事。

除此之外，我还会提醒他做好有关做作业的准备工作，比如削好铅笔，找好橡皮等。我事先跟他说好：一旦坐在课桌前，就要马上拿起笔写作业，不做与作业无关的事情，不说与作业无关的话，也不站起来或者上厕所。总之，至少保证40分钟（一节课的时长）不做其他事情。

二、学会高效学习，限时且快速地完成学习任务

为了这个过程能顺利开展，我买了三个沙漏，时长分别是 5 分钟、15 分钟、30 分钟。分三步实施：第一步从 5 分钟开始，坚持 5 分钟写完一行生字或拼音，不说话，不做别的事情。两三天后进入第二步，延长时间到 15 分钟，写四行生字或者更多一点。要专心坚持 15 分钟，再停下来休息。眼看这个习惯形成了，就延长到 30 分钟，这是第三步，也是关键一步。时间有些长，孩子可能坚持不了，出现反复胶着，这一步我大约花了两个月来陪伴、鼓励甜哥坚持。

这样的坚持是有价值的。到一年级下学期，不用沙漏，甜哥也能坚持至少 40 分钟来专心做作业。事实上，直到二年级上学期，甜哥每天将作业控制在半小时以内完成。当孩子感受到先专心完成作业再自由支配时间的甜头，高效做作业的劲头就更大了。

这时候我开始做两件事情：一是给他提关于优化作业流程的建议，让他做作业的步骤更加规范；二是尝试布置"妈妈牌"作业。

优化流程，可以提高单位时间效率。比如作业量多，先做哪一科？作业有难有易，先做难的还是先做易的？某科作业量比较多，但做起来容易，先做还是后做？背诵作业和书写作业，哪个先做？

起初，我直接在聊天的时候，主动问甜哥三个问题："今天作业多吗？""有哪几样？""你打算先做哪样？"

作业少的时候，孩子可以自己决定时间分配、次序先后。作业多起来之后，我们就事先讨论商量，我先告诉他原则是"先易后难，先少后多，先写后背"，再由孩子决定是否遵循这个原则。

由孩子自己决定的目的在于，他通过自己的摸索和实践，可以学会自己安排时间和内容。做过比听过的体验会更深刻。

经过几乎一个学期的实践，甜哥形成了一套自己的学习模式。比如，先完成语文读课文任务，完成书写作业之后，再背诵英语课文。如果数学有整张试卷，看起来多，但自己觉得容易，做起来快，他就会先做完试卷，再写语文生字，这样也是挺快的。偶尔遇上费时间、费心思的作业，就留到做完其他作业，洗完澡之后，再重新回到书桌前，慢慢做。这样既不会影响做其他作业的时间，学习情绪也始终很好。

就单科作业而言，我告诉他，应该养成先复习再做作业的习惯，这样做起来会更快。记得读一年级时，他不以为然。读二年级做英语填空题的时候他就有感触了。他知道动笔写作业之前，大致翻一下白天课堂上学过的内容，花不了两分钟时间，但可以节省思考和查找时间，也用不着去问大人。最关键的是，这是一个科学学习后的闭环过程，从小养成这个习惯，越到高年级，学习越高效。

养成先高效完成作业再玩耍的习惯，甜哥开始自由支配自己的时间，无忧无虑。我却暗暗地费尽心思规划起他的"妈妈牌"学习时间了。

三、合理规划时间，逐渐增加额外学习任务

我想让孩子进步得更快，那孩子就得多花些时间来扬长补短。

阅读是已经培养好的习惯，无论我是否关注，甜哥都会自己挤

时间去读。比如,晚饭后刚放下碗,他说:"我需要休息一下,不学习。"实际上,他坐在沙发上随意看起了自己想要看的书。

不用给他限定阅读时间,我只需要限定时间培养他没有建立起来的习惯即可。结合他的实际情况,最终定了三个目标:练计算、练字和练琴。

我想清楚之后,仔细给他做了一份 Excel 表格。然而,计划有多完美,现实就有多残酷。甜哥不接受,不执行。他只能执行一天,很难坚持超过三天。

为什么呢?经过反思,再参考别人的经验,我猜测问题应该出现在学习任务上,定的任务太多了。

我知道"21 天能培养出 1 个好习惯"这个理论,但忽略了"21 天"和"1 个习惯"的对应关系。培养 1 个习惯尚且需要 21 天,我要培养孩子的 3 个习惯,急不得,况且才不过刚刚开始。

我开始做出调整,整个二年级上学期都遵循"至少花 1 个月培养 1 个习惯"的原则。后来结果证明,这个做法是适合孩子的。

我将整个学期大致分为五个月,将目标大致分解到每个月。先完成容易达成的目标:培养练琴习惯。

练琴是中班以来断断续续坚持下来的。只是之前没有指定时间,也没有限定时长。如今只需要定时间、定时长就好了,难度最小。我限定每天完成作业后,先练琴 15 分钟。结果,不到一个月,就形成了习惯。

练字主要配合学校语文老师的进度。开始,先将语文老师布置的练字作业在指定时间写完,得到老师的表扬之后,抓住时机,单独设定时间，设定任务，每天练15分钟，不到两个月也习惯成自然。

比较难的是练计算。甜哥上幼儿园时，他的数学启蒙重思维轻计算，直接影响他不重视计算速度。上学之后他一度受挫，再加上有畏难情绪，做计算题时，他就有抵触情绪。

首先，我需要帮助他克服畏难情绪，建立起对计算的信心。具体来说，可以分以下四步。

第一步，从易从少。他是二年级的孩子，我让他先做一年级下学期的加减法，几天之后，做简单的二年级表内乘法。两个星期之后就跟上学校的教学节奏了。

第二步，逐渐加量。从每天10道题开始，一周后增加到每天20道，慢慢增加到一列、两列、一页。等到他自己主动连续两三天做了两页。我估计他的信心、兴趣、习惯已经培养出来了。这个步骤大约花了一个月。

第三步，限时练速度。用五分钟沙漏，要求他限时做出来。速度上来之后，再限定五分钟做两页。

第四步，又快又好。有了速度，就要求质量。速度和准确率都达标的话，就对书写提要求。

培养练计算这个习惯，前后花了不到两个月。练计算的习惯也建立之后，我定的大目标也达到了。于是，二年级下学期开学第一天，在征得他的同意之后，我直接制订好表格，张贴出来，让他执行。

按理说，这下孩子可以很好地利用时间了吧？大体来说是的。要做好一件事，能够量化、具体、可操作，自然是高效的。但孩子不是成人，也没有考核压力，所以我们还要注意把握好"度"。具体来说，要注意以下几个原则。

（1）执行计划初期，陪伴比说教的效果好太多。说教不能培养孩子养成好习惯，但是陪伴可以。

（2）做好心理准备：孩子不能坚持，会反复无常。家长需要坚持，反复坚持。要坚信，从长远来看，一定能达到目标。

（3）从易从少。先制定孩子容易上手的学习任务，孩子能胜任，才乐意坚持。请记住，对孩子来说，坚持是因为"我能"而不是"我想"。

作者：黄艳，微博博主@偶然书房。终身学习实践者，既是老师又是家长的"80后"，美术专业的文艺女青年。画过插画，摆过地摊，开过公司，走过T台，当过主持，做过经纪人。现在是一位有21年教龄的小学数学老师。为了孩子入学，考取了学龄前儿童入学成熟水平测评师，为了和孩子和睦相处，考取了家庭教师指导师。

孩子听、说、读、写10分钟，玩转录音全搞定

假期带着小小钱去单位上班，我交给他的任务就是在我工作的时间完成作业，这样回家就可以自由活动了。就这样一整天，他一会儿写语文，一会儿写数学，一会儿看书，一会儿拿手机听英语材料，中途累了就去门口跳跳绳。同事们看到后纷纷投来羡慕的眼光，一个劲地夸赞。

回家的路上，他对我说："妈妈，我发现一个秘密。"我赶紧表现出一副十分好奇的模样，接过话题疑惑地问："什么秘密？"

他一边噘着嘴,一边得意地说:"我发现,在大家的眼里我也是那个别人家的孩子。"

"你怎么发现的?"我反问道。

"因为不用你操心,把自己安排得很好。就算是手中有手机的时候,也不像其他同学那样只会玩游戏,而我是把手机当作学习的工具。"

"加油!"

小小钱就是一个普通得不能再普通的孩子,和同龄的男孩一样贪玩,属于"你管,他就好好的;你没时间管,他就放任自由"类型的孩子,在学习方面需要我推着、赶着、盯着、鞭策着才向前走。

作为老师,我时常思考怎样布置作业最合理,既能巩固课堂上学到的知识,又能提升能力?作为家长,我也时常琢磨怎样才能让孩子在家也可以高质量地完成学习任务,特别是在家长不监督的前提下完成家庭作业?作业既然布置了就一定要检查,如果不检查,孩子可能会偷懒。所以,检查作业成了我作为家长的头等大事。

我和儿子把家庭作业分为三个类型:第一类是笔头作业,需要动笔书写才能完成,第二天必须交的作业,属于紧急且重要的;第二类是口头作业,读的、背的,不需要动笔但之后老师会通过抽查、考试等方式检查的作业,对于当天的作业来说属于紧急不重要的;第三类是拓展作业,需要孩子自行查阅资料、抄写笔记,属于课外阅读,增加知识储备的,属于重要不紧急的。

对于语文老师经常布置的第二类口头作业,如熟读课文、背诵课文，如果父母有时间陪伴孩子熟读和检查背诵，那这部分作业，孩子完成的质量是很高的。如果父母没有时间陪伴孩子熟读，也没有时间检查背诵，孩子可能会偷懒。怎么解决家长没有时间陪写，还培养一个人人羡慕的"别人家的孩子"的问题呢？从时间管理的角度来说，不紧急不重要的事可以委托他人来完成。我从中得到启发，第二类口头作业可以借助工具来完成。比如手机的录音功能、录音笔。

一、用录音来完成孩子的口头作业

语文老师每天必定有一项读课文的口头作业，遇到需要背诵的课文还要求背诵。数学老师也会布置一些背公式、背定律等作业。可是，这项作业的检查不能像笔头作业那样及时有效，可能要到运用或者考试的时候老师才会发现某一个学生没有背熟，或者根本没背下来。所以，老师布置的口头作业一定要认真完成。

小小钱在家完成家庭作业的顺序是：先做第一类笔头作业，然后休息10分钟，之后到我这里拿手机去完成第二类口头作业。我当着他的面打开录音，录上一句"几月几日的语文作业读第几课"，然后小小钱就把手机拿回房间自己读起来。"第一遍，古诗三首……"这段时间我没有陪在他身边。孩子用录音来完成口头作业，"解放"了我们家长的耳朵和时间。但要注意的是，"解放"并不表示不用检查。相反，有方法的检查更重要。闲下来的时候看一看（看读的时长，判断是否按要求读了相应的遍数）、听一听（选取开始部分、中间部分、结尾部分内容听），之后给孩子反馈（完成得怎么样、认真程度、是否有口误等），并且也能给孩子传达一个信息："妈妈一定会检查的，必须认真读。"

经过一段时间的实践，小小钱已经养成了用录音的方式来完成口头作业的好习惯，从来没有因为读、背的问题被老师点名，反而背诵课文花的时间越来越少，效率越来越高，我和儿子都尝到了利用工具帮助学习带来的甜头。

二、用录音来完成语文的听写

笔头作业中的部分内容也可以采取录音的方式来协助完成，比如听写词语。原来的听写都是我面对面地守着小小钱，我读一个，他写一个。"妈妈，慢点啊！""妈妈，你读得太快了，这个字我不会写。等一等！"

不能快速的反应是知识掌握不牢固不熟练导致的；想的时间太久，是因为没有熟记。于是，我更新了录音的 2.0 版本，把每天要给他听写的词语用手机录下来，听写的时候再播放。只对着手机，只要小小钱和我不见面，我就不给他讨价还价的机会。经过反复测试书写的时间、控制读词语的快慢与遍数，我放手让他自己听写，听写完之后再自己检查。我觉得这样做的最大好处是解决了我的焦虑。

后来，我把录音听写作为一项家庭常规作业，无论语文老师是否布置听写，我每天晚上都安排 5 分钟的听写时间。内容一般是课文中出现的易错字或小小钱曾经写错的生字词。数量不多，为 10~15 个，即使有错，孩子也只需要将正确的字再写两遍即可。

对于小小钱来说，量不大，压力小，花的时间也很少。我每个周末录制一次，一次录一个星期的听写内容。"2020 年 11 月 25 日，今天我们要听写的是第 14 课……请拿出听写本写上今天的日期（间隔 5~10 秒的时间给孩子完成以上的动作），现在开始听写！第一个词语……，最后一个词语……，请检查！"（预留出检查的时间）

自从实行了每天 5 分钟的听写练习，小小钱每周一次近 80 多个词语的单元听写几乎全对，很少出现 2 个以上的错误。这样每天只花 5 分钟的时间进行听写，不仅起到了巩固复习的作用，还培养了孩子自我管理的好习惯。

三、用录音来完成作文的构思

很多孩子都有提笔忘字的情况，特别是写作文时不知道怎么写，可是让他像讲故事一样说出来就很容易，他总能夸夸其谈。等他说完了以后你又问他："现在知道该怎么写了吗？"他还是回答说"不会"。有一次小小钱在说的时候，我偷偷地点开了手机录音，把他讲的故事录了下来，之后再把录音一句一句地放给他听，就这样为他打开了写作文的新大门。

四、录音还可以学科延伸

用熟了手机的录音功能后，我和小小钱对于作业的完成和检查都变得游刃有余。是时候向其他学科拓展了，于是就有了升级后的 4.0 版本。

数学的口算练习也可以像语文的听写词语一样，改为听算练习。英语的口语练习也可以像语文的读读背背一样。我把英语需要背的单词和常用句型，也加进了每天听写的 5 分钟里，变成了听写 10 分钟。

每天 3~6 个单词、1~2 个常用句型，听写完自己订正，错误的单词就再背一背。

五、玩转录音，听说读写全搞定

经过一年的摸索，我从简单地利用工具来完成和检查作业，升级到利用录音工具来锻炼孩子的听、说、读、写能力。现在小小钱五年级下学期时，我将读词语的任务也交由小小钱自己完成。听写之前给他一些时间复习，复习的时候，打开录音，一个词语读两遍，然后在心里默写一遍，再读下一个词语。其实，自己录听写的内容，就是在整理复习、收集错题，录音的过程就是复习的过程。

从听写内容的录音，到自己点开录音听写，再到翻开书检查，自己订正错误，完成一个闭环。不是妈妈偷懒，而是将自主学习的机会交给孩子，教会他如何利用工具来帮助自己学习。

现在，除了每天晚上的"听写 10 分钟"，每天早上去学校的路上，小小钱还会打开手机录音，听一听他自己录的重点内容、自己经常出错的题和自己背不下来的段落或文章。小小钱每一次听，都能发现自己哪一点没有读好，没有读清楚，情感表达得不足。

用录音的方式学习，孩子每天除了在知识层面点滴累积，还在听、说、读、写能力方面得到锻炼。"故不积跬步，无以至千里；不积小流，无以成江海。"我相信，成功、胜利、圆梦的质变，往往藏在日日夜夜的无数个的微小的 10 分钟努力里。

第7章 二孩生活，每一个都很重要

> 老大说："我不想要老二。"老大和老二闹矛盾时，是大的让小的，还是小的让大的？老大是真的不爱老二，还是不会爱老二？常见的二孩生活，也可以没有鸡飞狗跳，听听他们怎么说。

作者：李曼，微博博主@曼老师的小确幸。中国心理卫生协会会员，中学高级教师，婚姻情感教练，正面管教家长，两个孩子的妈妈。近20年教学生涯，毕业班班主任，教学和班级管理经验丰富。举办讲座百余场，帮助许多家庭走出育儿困境。

老大宣言：不想要老二

"妈妈，我小弟简直是太可爱啦！我将来最少生三个孩子。"

"我的天哪，是谁一开始嚷嚷着不要弟弟的！"

"我要是知道他这么好玩，我就不会说不要了。他没出生的时候还说最想见到姐姐呢！"

"那好吧，希望你们和谐相处，让我能有安静的发呆时刻！"

2021年的元旦，大女儿跟我说了这几句话，让我这颗不安的心终于踏实了。回想5年前，我还在因为有了老二，面对老大的哭号摔打而束手无策呢!

一、老二来了,老大不淡定了,我纠结了

在我 10 岁的时候,我有了妹妹,父亲的嘱咐是:"去,把你妹妹的尿布洗了。"我瞬间不想要这个妹妹了。"凭什么呀?"这个问题我在心里问了无数遍。

接下来,我耳朵里塞满了各种声音:"你是姐姐了,以后要让着妹妹点。""你们家的财产,以后就不是你自己的了,你妹妹也有份儿了。""老大就应该让着老二,你可得让你妈妈省点心啦。"……

我在心底呐喊:"我不想要这个妹妹!"

惊人地相似,我女儿 8 岁的时候,我怀了老二。我应该如何对我的女儿说这件事,引导她接纳老二的存在呢?我不想我的经历重现。

我告诉了家人这个喜讯,当女儿知道她可能会有一个弟弟或妹妹,她的反应太糟糕了!

一个四年级的小孩,班里有很多二孩家庭,孩子们经常在一起说起弟弟妹妹,讨论爸爸妈妈如何偏心。所以,其实女儿心里早就排斥老二了。

女儿哭得梨花带雨,描述着同学的爸爸妈妈只喜欢弟弟,总是让姐姐去干活;有了好东西总是先给弟弟;即使是老二犯的错误,挨训的也是姐姐……

"妈妈,我不想要老二!"

"妈妈肯定不会像你说的那个样子的,你相信我啊!"

"我同学的妈妈也是这么说的,可是弟弟出生了,妈妈就变了。"

"那是他们的妈妈,你的妈妈肯定最爱你,无论谁出现!真的,我保证!"

"我还是害怕,你会偏心。"

"不会的,现在是爸爸妈妈一起爱你,等到老二出生了,你就会发现,又多了一个人爱你啦!"

"妈妈,你说的是真的吗?"

"是的!"

这样的对话出现过无数次,女儿在一遍遍地求证,无数次地核实她在妈妈心中的地位。我觉察到,女儿的安全感没有了,她需要妈妈无条件的爱。我也必须给她无条件的爱,我不能辜负了这个小女孩对我的信任和依赖。

女儿是我一手带大的。我一直认为,她是这个世上小小的我,我想让她平安、快乐、幸福地生活。可是老二也来了,我又怎能拒绝另一个天使的选择和信任呢?

二、美丽的小故事,姐姐期待小家伙的诞生

女儿的反应是我想到的,但不是我想看到的。我想象着美好的画面:姐弟情深,其乐融融!可是如何促成这个画面变成现实呢?我思前想后,只想让我的女儿内心不再挣扎、不再害怕。

慢慢地,女儿的情绪稳定多了,我也构思了无数个版本的"老二出生前奏曲"。想给女儿无尽的爱,就要接纳她排斥老二的事实,看到她行为背后的心理需求。

周末，阳光暖暖的午后，女儿脸上露出睡醒后的满足感。

"睡醒啦，小美女！"

"嗯，妈妈，我觉得今天睡得太好啦。"

"我也是，晒着太阳很舒服。"

"我想出去玩会儿，妈妈，行吗？"

"行啊，咱俩一起吧，我也出去透透气。"

"就你，还是算了吧，挺着个大肚子，太烦人了。"

"你知道吗？我刚刚睡觉的时候，这个小家伙跑到了我的梦里来了！"

"真的？妈妈，他还会钻到你的梦里吗？他咋不来我这里呢？"

"是真的！他就像一个小天使，手里还拿着一个魔法棒，闪闪发光，特别好看！"

女儿瞪大了眼睛看着我，目不转睛地听我说话。

他说："妈妈，你知道我为什么要来到你的家里吗？"

我问他："为什么呀？"

他说："因为我知道家里有一个可爱的姐姐，我想跟她玩呀。"

我又问他："你怎么知道姐姐喜欢你呢？"

他回答我说："我当然知道了，因为她是世界上最好的姐姐！我想让姐姐带着我去游乐场做游戏，去迪士尼看米老鼠和唐老鸭，去长隆看看大熊猫，去各种好玩的地方玩！"

我对他说："你可真幸福呀，有这么好的姐姐爱着你！你爱姐姐吗？"

他骄傲地告诉我说："我当然爱我的姐姐呀，她那么喜欢我，陪我玩，给我好吃的。我以后最爱姐姐，我长大了就可以保护姐姐，不让别人欺负她，等我有了本事，我就先给姐姐买好吃的，买漂亮的花裙子！"

我看到女儿眼里的光，觉察到她内心的喜悦！她想了想，笑了，指着我的肚子说："哈哈，太神奇啦！妈妈，这个小家伙还挺有良心的！"

我握着女儿的小手，很真诚地看着她说："妈妈最爱你！小家伙做梦都说最想看到的就是姐姐，最喜欢的人也是姐姐！请你相信，他不会分走爸爸妈妈对你的爱，你会得到除了父母外的一份最真的爱！"

女儿开心地笑了，摸着我的肚子说："妈妈，我有点想让他快点出来了，让他快点长大，那样我就可以带着他捉迷藏、砸沙包，还得让他写很多本口算题卡，哈哈！"

我由衷地感叹："我亲爱的孩子们，希望你们手足情深，携手共画美丽的画卷，迈过生活的沟沟坎坎，就这样一直相爱下去！"

三、共情老大，她也只是个孩子

老二的出生，使身为父母的我们无形中就会提高对老大的要求，觉得老大已经长大了，能够独立完成很多事情。可是，仔细想想，老大只有几岁，哪怕十几岁，他依然是一个孩子。

第一个孩子，其实承载了父母的很多压力，父母憧憬着他能够出人头地、光宗耀祖。对待老二就不一样了，我们心态平和了，最大的希望就是他平安、快乐、健康。

第一个孩子是在父母不太成熟的年龄甚至自己内心还不够强大的时候出生的,可能会经受错误的教育方法或极端的育儿理念。而孕育老二的时候,父母有了经验,有了反思,吸取了教训。很多父母说过类似的话:"要是让我再养一个孩子,我肯定不会像现在这样,真是经历过一次,学到了很多呀!"

　　本是手足,父母需要培养的是孩子们之间亲密合作的关系,而不是强化竞争的关系。家庭的美好,源于父母的"双人舞组合",源于父母给予孩子无私的爱。

作者：糜亚乒，微博情感与家庭教育博主@温暖导师亚乒。中科院心理研究所EAP硕士，国家二级心理咨询师、二级婚姻家庭咨询师。擅长情感、婚姻咨询及青春期孩子心理疏导，指导家庭及个人超过1000人次。

大的让小的还是小的让大的

大约三个月前，笑笑妈妈来咨询：家里的两个孩子相处得特别难，姐姐笑笑今年13岁，总欺负6岁的妹妹；妹妹又总是去缠着姐姐，要么想去动姐姐的玩具，要么想姐姐陪她玩，但是姐姐要么不搭理她，要么嫌弃她。

有一次，在姐姐做家庭作业的时候，妹妹弄坏了姐姐的台灯。结果姐姐大发脾气，很凶地对着妹妹大吼，还动手打了妹妹。父母在家还好一些，只要父母不在家里，两个孩子就开始闹。结果等父母回来不是姐姐气得"要死",就是妹妹哭哭啼啼。

绝大多数的父母认为大的要让小的。孩子们发生矛盾的时候,父母总是跟大的孩子说:"你是姐姐/哥哥,你要让着弟弟/妹妹。"

拿笑笑家来说,父母经常说这句话。妹妹弄坏台灯,父亲再一次跟姐姐说这句话的时候,姐姐哭着大喊:"凭什么呀?凭什么我就要让着她呀?"那一刻,父母看着两个哇哇大哭的孩子,无计可施。

一、改变下意识,小的应该让大的

兄弟姐妹相处的正确方式应该是什么呢?我觉得是小的要让大的。

可能你会觉得不可思议:怎么还能叫小的让大的呢?

我们下意识会认为大的应该让小的,在孩子的成长过程中不断地告诉他:"你是小的,所以大家都应该让着你;你是小的,所以你可以理直气壮地不用管别人,因为你是一切的中心。"这只会导致孩子有一个想法:"因为我小,因为我弱,因为我不懂事,因为我没能力,所以你们都要让着我,这是理所应当的!"

当孩子带着这种想法长大,他会觉得前辈、长辈们让着他是应该的。

《弟子规》中有一句话:"兄道友,弟道恭。""兄道友"的意思是:作为哥哥或姐姐,要像对待朋友一样地对待弟弟或妹妹,给予扶持、帮助、照顾,也就是大的照顾小的。而"弟道恭"的意思是:作为弟弟或妹妹,要尊重、感激哥哥或姐姐。

想象一下,当弟弟或妹妹来到这个世界上的时候,哥哥或姐姐虽然可能年纪还小,但一定会跟着爸爸妈妈来照顾弟弟或妹妹,倒水、洗奶瓶、端水盆、拿纸尿片等。哥哥或姐姐的付出更多。

因此,弟弟或妹妹对哥哥或姐姐要尊敬、要恭敬、要感谢。我们熟知的"孔融让梨"的故事——流传了一千多年的美德案例,就是一直在告诉我们——是"小的"让"大的",而不是"大的"让"小的"。

所以,"兄道友,弟道恭"正是兄弟姐妹们正确的相处之道!

二、学做三件事,化解二胎矛盾

如果大的让小的,会有什么危害呢?哥哥姐姐先出生,原本拥有父母的所有爱,弟弟或妹妹来了以后,哥哥姐姐帮忙过、付出过,如果弟弟或妹妹抢了爸妈的爱,爸妈还要求大的让着小的,哪个大的孩子会心甘情愿呢?所以,父母越要求大的让着小的,大的心里就越不平衡。

我告诉笑笑妈妈,回家之后第一件事是明确姐妹相处的原则。直接告诉孩子们:"在我们家,小的要让大的,大的要照顾小的。"父母要用孩子能够理解的方式跟她们解释为什么需要这样做。

第二件事是强化"兄道友,弟道恭"的意识。对于姐姐,父母要经常问:"今天姐姐有没有照顾好妹妹呀?"同样,在妹妹遇到不懂的问题或做错事的时候,要有意识地问:"姐姐有没有帮助妹妹?该制止的有没有制止?该引导的有没有去引导?"妹妹听不听是另一回事,但是笑笑一定要讲,这就是"兄道友"。对于妹妹,父母也要经常了解:"今天你有没有让着姐姐?好吃的、好玩的东西,是不是先想着让姐姐先吃、先玩?"这就是"弟道恭"。通过不断检视的方式让孩子们在生活中实践和强化这样的意识。

第三件事是有意识地树立姐姐的威信。笑笑父母在我的指导下,当着孩子的面很认真地说:"以后爸爸妈妈不在家的时候,妹妹就由姐姐来照顾,妹妹要听姐姐的。"当孩子之间发生矛盾时,父母尽量公正地处理,有意识地强调姐姐做事周全。

当妹妹看到父母对姐姐的重视,自己又不再得到偏爱时,自然不会恃宠而骄。姐姐在被父母重视、被妹妹尊敬的氛围里,自然而然地更愿意去爱护妹妹,姐妹的相处必然会越来越融洽。

三、双胞胎犯错,各打五十大板

另外一对来咨询的关爸和关妈求助说,他们家里有对11岁的双胞胎男孩,家人都特别希望他们相亲相爱。但实际上,两个孩子每天都是闹得不可开交,今天这个犯错,明天那个惹事……到底怎样才能让兄弟姐妹们好好相处呢?

简单来说,就是"不问对错,各打五十大板"。

我告诉关爸和关妈,无论两个孩子发生什么问题,不管他们谁对谁错,只要闹到爸爸妈妈这里,就说明一点:两兄弟没有友好相处,没有相亲相爱,所以两个人都受惩罚。

父母可以告诉孩子,任何时候,有分歧或有矛盾,先自己处理,处理好了之后和爸爸妈妈汇报或分享。就算有谁做错了,另一个人也要提醒他,帮助他,这就是兄弟的责任。

只有父母这样做,才能引导孩子们把相处的焦点从对错的争执上转移到彼此的友好相处上。至于事件或行为的对错,只要不违反做人的基本原则,不伤害他人、伤害自己,都不是父母考虑的重点。

  有一天,笑笑爸妈带着两个孩子来我家串门,很开心地告诉我:姐妹俩相处得特别好,妹妹什么都听姐姐的,姐姐说话比爸妈说话还有用;姐姐很照顾妹妹,不但允许妹妹玩自己的玩具,还经常在放学回家的路上给妹妹带好吃的。笑笑妈妈和我说,看着姐妹俩这个样子,她真是开心极啦!

作者：张志红，微博教育博主@可乐汉堡亲子英语，毕业于中山大学。自2016年开始在儿童英语领域深耕，陪伴数千个家庭进行英语启蒙。受到微博大V@写书哥邀请，做英语启蒙分享。英语启蒙干货被行业标杆小花生网微信公众号转载，且多次被官方微博转发。孩子可乐6岁半时英语阅读能力达到GE 5.1，相当于美国5年级学生水平。

二孩生活，也可以没有鸡飞狗跳

有一天早晨，大宝上学前，摸着我的肚子说："这里面还有一个宝宝吗？"

事实上，我生完二胎后，我的肚子还没减下去。

我随口说："是的，里面还有一个宝宝，你希望是弟弟还是妹妹呢？"

他毫不犹豫地说："弟弟。"

我说："啊？你还想要弟弟啊？为什么呢？"

他说:"我喜欢弟弟跟我玩。"

我赶紧抱抱他,说:"没有了,妈妈不会再要宝宝了,妈妈只要你和弟弟。"

之后,他还是常常跟我念叨说:"妈妈,再生一个弟弟吧。"

我有两个孩子,都是男孩。大宝叫可乐,现在7岁;二宝叫汉堡,现在10个月大。两兄弟相处非常和谐,相亲相爱。

一、给大宝的心理建设:他们有一个共同的妈妈

当我怀二宝满三个月后,就找了一个合适的时机,对可乐说:"妈妈肚子里有一个小宝宝了。"可乐很开心,说:"太好了,有弟弟或妹妹跟我玩了。"从那一天起,可乐常常会对着我肚子里的宝宝说话。我就会跟他说:"我们三个在一起,真好。"这样,他就慢慢习惯了弟弟是我们这个家庭的一分子。

当我拿到二宝的四维彩超图像时,回到家,我把可乐的四维彩超图像也找出来,和可乐一起看。他看看自己在妈妈肚子里的彩超图像,再看看二宝在妈妈肚子里的彩超图像,乐呵呵的。他似乎找到了自己和弟弟的共同联系,那就是他们有一个共同的妈妈。

整个怀孕期间,我像往常一样,每天陪伴可乐。我和他一起亲子阅读英文绘本 *Za-za's baby brother*(《Za-za 的弟弟》)。这本绘本讲的是,Za-za 是一只小斑马,它的妈妈怀孕了。妈妈肚子变得很大,所以没办法抱 Za-za。斑马弟弟出生了,叔叔阿姨都来看弟弟,赞美弟弟。

Za-za 只能自己玩。爸爸妈妈总是很忙,没有空理会 Za-za。只

有弟弟睡着了，妈妈才有空抱抱 Za-za，给 Za-za 讲睡前故事。这本绘本是以 Za-za 的口吻写的，对可乐来说，非常有代入感，会让他提前感受到自己的弟弟或妹妹出生后会是什么样的情形。

当我怀二宝足月，随时可能要去医院生产时，我提前告诉可乐："妈妈可能要去医院生宝宝了，有几天不在家，等妈妈回来的时候，你就会看到宝宝啦。"这样他就不会因为妈妈突然去医院，见不到妈妈而觉得失落。

就在生二宝的前一天，我还和宝爸一起带可乐去某个农庄玩。可乐和小伙伴们上山钓鱼，爬树摘果，玩得不亦乐乎。所以，他从来不会觉得二宝来了，爸爸妈妈对他的陪伴就少了。

二、二宝出生了，把大宝的感受放在第一位

我发自内心地认为，哥哥和弟弟都是一样的，是平等的，我一样地爱他们。二宝出生后，我们从来不会对可乐说："你是哥哥，就要让着弟弟。"我们也不会只顾着照顾弟弟而忽略了哥哥。

我每天都会留出专门的时间专心陪伴哥哥。我会专心地陪他吃一顿饭，真诚地给他一个表扬，高兴地给他一个拥抱。

在他特别兴奋地跟我分享他的所见所闻、所思所想的时候，我会用心倾听，发自内心地赞叹道："你懂这么多知识呀，谢谢你告诉我这么多！"从来不会因为要忙着照顾弟弟而打断他……

我会对哥哥说："弟弟小，咱们一起来照顾弟弟吧。"可乐尝试着给弟弟喂米糊，帮忙照看弟弟，出门的时候推车。在弟弟练习抬头、爬行的时候，可乐也会帮忙。这些力所能及的事情，可乐很

愿意做，也增进了他和弟弟之间的感情。

家里其他人也是一样地关心、爱护可乐。每周末宝爸都会带可乐去户外活动。跟小伙伴们的聚会，可乐从不缺席。爷爷奶奶总是记着他喜欢吃什么，买给他吃或者做给他吃。

所以，可乐从来不会觉得爸爸妈妈、爷爷奶奶对自己的爱被分走了，也不会和弟弟争风吃醋。

记得弟弟百日那天，我们外出吃饭庆祝。在去饭店的路上，可乐说："为什么不把弟弟留在家里？"

我说："因为今天是弟弟百日，我们为他庆祝，怎么能把他放在家里，我们自己去吃饭呢？"

可乐说："我以为是为我庆祝呢。"

我立马觉察出可乐有一丝失落，立马说："对呀，这也是为你庆祝呀，庆祝你暑假游泳班毕业啦。"他一下子就高兴了起来。

三、妈妈很庆幸："还好，我们生了两个孩子。"

正是因为大人很注意大宝的情绪，所以大宝有满满的安全感，也找到了自己和弟弟的相处方式。看着他俩相亲相爱，我真的很庆幸："还好，我们生了两个孩子。"

每天可乐放学回到家，都恨不得一直黏着弟弟，抱抱弟弟，各种亲昵，在弟弟面前左蹦右跳，弟弟也很欣喜地一直看着哥哥。

他和弟弟说话超级温柔："弟弟，今天乖不乖呀？怎么又吐奶了？"

可乐还会逐一指着家里人，对弟弟说："这是爸爸，这是妈妈，这是爷爷，这是奶奶。"

有一件事特别令我感动，外婆准备来家里帮忙带弟弟，我提前告诉了可乐这件事。他第一反应就是："啊，汉堡弟弟最近不爱吃饭，外婆会不会不给他吃饭呀？"那一瞬间，我真的特别感动。可乐第一个想到的不是别人，而是他亲爱的弟弟，生怕外婆饿着弟弟，不给弟弟吃饭。

总之，一个孩子，有了弟弟或妹妹之后，他仍然是个孩子。他仍然希望自己和没有弟弟或妹妹之前一样，得到爸爸妈妈的关心和爱护。所以，有了二宝，也别忽略了大宝。只要父母用心处理好，家里就能和谐，两个孩子就能相亲相爱，而不是大宝和二宝争风吃醋，家里鸡飞狗跳。

作者：李晓蓓，创业者，为了能够做好实习妈妈，将公司交给他人打理，开办学校，专心教育。拥有多个身份：心理咨询师、调查分析师、国际英语教师。擅长心理学、育儿。

大宝不"爱"二宝，是因为不会

干女儿埃米今年6周岁，上大班，去年她多了妹妹。

一、大人好像不喜欢我，喜欢妹妹

添妹妹之前家里人也问过埃米的意见，那时她非常渴望有一个妹妹。可是等真的有了以后，她发现家里人的注意力都围绕着妹妹，便对妹妹没什么兴趣了。

埃米和其他人的互动都是轻轻的，但遇到妹妹的时候，总是非常用力。大家围坐在桌子前吃饭,她会非常用力地把妹妹的推车推开。想让妹妹挪位置的时候,拽起妹妹就走,妹妹不会走路,她就拖着走,有时候妹妹被弄得面红耳赤,她就在一边笑。

有人问她:"妈妈再给你添个弟弟,好不好?"

她就说:"不要。"

大宝似乎对二宝有一些敌意,但真的是这样吗?

学校里有很多孩子都有弟弟或妹妹,让我印象深刻的是一个叫莎莉的小女孩,她上课表现好,给她发礼物的时候,她都会说:"我还有个弟弟,我能不能给我弟弟带一份?"

埃米和莎莉都是大宝,年龄也相仿,为什么有这么大的差别?

我仔细观察了埃米和妹妹的互动。埃米每次与妹妹互动用那么大力气,是因为她和大人有互动的时候,大人都会配合她。

可是当她和妹妹互动的时候,妹妹不会配合她,她只能使出浑身的劲,才能让妹妹按照她的方式去做事。埃米的妈妈看到埃米推妹妹,就会把妹妹抱开,没有对她讲应该怎么对待妹妹,所以她就越来越困惑,觉得妈妈好像不喜欢她,而是喜欢妹妹。渐渐地,她也就不喜欢妹妹了。

二、如果弟弟做错了,妈妈会收拾弟弟

我也有个弟弟,比起对爸妈的感情,我和弟弟似乎更亲一些。弟弟刚毕业,爸妈便要求他去一家工厂,做操作工,月薪1500元。弟弟听话,打工打了3个月,我看不下去了,就让他辞职跟着我一起创业。

后来买房子，爸爸想给我添点钱，让我买大房子。

我说："不要，要留着给弟弟买大房子，他结婚要用的。"

我妈妈不喜欢弟媳妇，导致他们两个人还差点分手。后来我出面，向弟媳妇的妈妈保证会对弟媳妇好，并把创业的外贸公司送给了弟弟，我自己去开了学校。

弟弟也很护着我，但凡我有事，也是冲在前面保护我，不管是买车还是买房，弟弟都是让着我，不会和我计较。

我弟弟说，小时候，我也经常打他，还经常骗他的零花钱。其他的细节，我已经不记得了，只记得在很小的时候，有一次，弟弟在外面和人打架，我当时觉得弟弟做得不对，所以回家告状。妈妈和我说，在外面的时候，不管弟弟做得对不对，我们是一家人，就要先帮家里人。如果弟弟做错了，妈妈会收拾弟弟。

大概是从那个时候起，我就知道，我和我弟弟是要互相帮助的，所以后来的创业，我们也是互相扶持着走过了最难的时候。各自组建了新的家庭后，我们也都能很自觉地"退位"。我们都明白，对方的小家是要放在第一位的，没有"扶弟魔""护姐魔"的出现。

血缘亲是真的亲，这种刻在骨血里的联系，任何时候、任何事都斩不断。但是，是不是每个家庭都能很好地把这种血缘亲加以利用呢？

三、大手牵小手，一起向前走

二孩政策放开，大家似乎又陷入了一个怪圈，在大部分情况下大宝不喜欢二宝，所以很多人害怕有了二宝以后，会让大宝有失落感，所以不想要二胎。

孩子真的知道弟弟或妹妹是什么吗？说真的，他们真的不是特别清楚"妈妈生个小妹妹好不好？"这件事情代表着什么。

孩子对周围的环境会有很强的适应性。当你问他一个问题时，他即便在完全不知道的情况下，也会给你一个回答，有时候肯定，有时候否定。如果第一次他给的是肯定的答案，当你问第二次的时候，他就可能给你否定的答案。在孩子的逻辑里，他认为他已经告诉你一次答案了，你怎么又问呢？那是不是他给的那个答案是错的呢？那他就换一个答案。

孩子不知道正确的答案、正确的做法是什么，但是请相信：他们的出发点都是出于善意和爱。

那么怎么样才能让大宝"爱上"二宝呢？

（1）告诉大宝："你们都是妈妈的宝贝，妈妈一样地爱你们。"

（2）不要让大宝把自己喜欢的东西让给二宝。两个人可以商量，哪个人先玩或者后玩，用借、交换、等待的方式，让孩子学会平等。

（3）教会大宝与二宝的相处方式。让大宝协助二宝做一些事情，或者让大宝做示范，这样的话，在与二宝的沟通过程中，大宝的各项能力还能得到提高。

（4）当大宝不愿意分享的时候，父母要尊重大宝的意愿。也就是说，父母应给大宝一定的自由。另外，父母可以示范给孩子看。每次给二宝换尿布、喂奶的时候，父母都可以让大宝在旁边看着，并且协助父母帮助二宝。大宝有了参与感，就会把二宝当成家里的一分子，自然而然地就会爱二宝。

"大手牵小手,一起向前走"是最和谐的状态,也是每个家庭最希望的。能够互相陪伴到老的,除了伴侣,就是兄弟姐妹。祝愿每个家庭幸福,母慈子孝,兄弟姐妹和和睦睦。